AF139531

www.angenehme-vorstellung.de

FSC
www.fsc.org
MIX
Papier aus ver-
antwortungsvollen
Quellen
Paper from
responsible sources
FSC® C105338

MUSIKTHEORIE FÜR LERNMUFFEL

Eine Oktave zum Erfolg

Marco W. Linke

Bibliographische Information Der Deutschen Bibliothek: Die Deutsche Bibliothek verzeichnet diese Publikation in der Deutschen Nationalbibliographie;
detaillierte bibliographische Daten sind über http://dnb.ddb.de abrufbar.
ISBN 9783735787194

Herstellung und Verlag:
Books on Demand GmbH, Norderstedt

Gestaltung und Satz:
artivista | werbeatelier GbR, www.artivista.de

Die Verwendung der Texte und Bilder, auch auszugsweise, ist ohne Zustim-
mung der Autoren urheberrechtswidrig und strafbar. Dies gilt auch für Verviel-
fältigungen, Übersetzungen, Mikroverfilmung und für die Verarbeitung mit
elektronischen Systemen.

Copyright © 2014 Marco W. Linke (1. Auflage)

1. OUVERTÜRE

Die Idee zu diesem Buch kam mir vor einer Musikstunde, für die ich mich (leider) vorbereiten musste. Als ich so in meiner Literaturkiste stöberte, fiel mir auf, dass die Lehrbücher meine Fragen entweder zu sparsam, zu ausführlich oder zu unübersichtlich beantworten.

So stellte sich mein Unterfangen als ein recht schwieriges und zeitaufwendiges Unternehmen dar. Gott sei Dank wusste ich meine Fragen thematisch einzuordnen, sodass ich meine Suche durch einen Griff zum Musiklexikon erheblich beschleunigen konnte. Gut. Mein Wissensdurst war gestillt. Aber was wäre gewesen, wenn ich nicht genau gewusst hätte, nach welchen Schlagwörtern ich zu suchen habe?

Als ich nun in Gedanken vertieft vor meinem Tee saß, erinnerte ich mich daran, wie ich damals die Musiktheorie gelernt hatte. Auf jeden Fall habe ich mit einem herkömmlichen Lehrbuch gearbeitet. Mit dieser kühnen Erkenntnis ging ich einen Schritt weiter und fragte mich, ob mir das Lernen angenehm oder unangenehm in Erinnerung geblieben ist. Okay, unangenehm. Aber warum? Nur wenige Bücher haben wirklich ein ausgewogenes Maß an Wissen und Lücke. Entweder wird zu viel Spezialwissen trocken vorgekaut oder kleine bunte Heftchen helfen einem nur bis zur ersten Note. Natürlich gibt es auch gute Lehrbücher. Aber – denn ohne ein „Aber" bräuchte ich nicht noch ein Buch zu schreiben – die wirklich lesenswerten Lehrbücher sind gestalterisch bedingt ansprechend und recht teuer.

Es fehlen graphische Übersichten, praktische Tippps, dicke Überschriften, Merkkästchen, Wiederholungsfragen und Übungen zu den Grundproblemen. Gerade diese kleinen Hilfsmittel vereinfachen das Lernen und bringen sogar Spaß in das trübe Kämmerlein des Wissbegierigen. Nun also zu diesem Skript: Gezielt werden die zentrale Fragen zur Musiktheorie beantwortet. Die Grundprobleme werden gezeigt und im Kern angesprochen – ohne dass wir sie bis ins kleinste Detail ausdiskutieren; dafür gibt es ja die dicken, dicken, wirklich dicken Lehrbücher zum Nachlesen. Man könnte dieses Skript als eine Art Rundflug über die Welt der Musiktheorie betrachten. Der Leser bekommt einen fundierten Überblick (viele kleine Felder, Berge und Häuser sind aus der Luft zu sehen). Die kleinsten Details sind hingegen mit einem großen Lehrbuch oder gezielt mit Hilfe eines Musiklexikons zu vertiefen (was gibt es im Hause Meier gerade zu Essen?).

Was kommt auf dich zu? Der Weg zum Musiker ist neben Talent und zahllosen weiteren Faktoren im Wesentlichen von zwei Steinen gepflastert. In den ersten Stein ist der bedeutungsvolle Ausspruch „Praktische Übung macht den Meister" gemeißelt. Prima: Praktische Übungen machen Spaß. Dann liegt dort noch ein zweiter Stein. Auf diesem steht der allseits unbeliebte Spruch „(Theoretisches) Wissen macht den Meister". Nun gut. Es läuft also doch aufs Lernen hinaus.

Aber was?

Dieses Problem lässt sich auf verschiedene Weise lösen. Einerseits kann man ohne systematisches Wissen munter „drauflosüben" und schauen, was einem so alles beim Ertasten des Musiklandes über den Weg läuft. Leider kommt man bei dieser Methode kaum vor die eigene Haustür … es fehlt ja der Rundflug, um zu wissen, was es alles gibt.

Andererseits könnte man ein dickes Lehrbuch zur Hand nehmen und all die Theorien zur Musik lernen. Ein ehrenwerter Weg. Aber wer hat dazu wirklich Lust? Außerdem: Wer muss wissen, wie ein Mezzosopranschlüssel aussieht, was ein Moritat ist … oder was es bei Meier zu Mittag gibt? (Übrigens: Ein Moritat ist eine mit Dreh-orgel begleitete Schauerballade.) Jedenfalls will man möglichst wenig lernen. Dazu hilft nur gezieltes Lernen, und zwar das Lernen der absoluten Grundlagen: der Basics. Der beste Weg ist also – wie meistens im Leben – der Mittelweg.

THEORIE MUSS SEIN, ABER NICHT ZU VIEL!

Wenig Theorie hört sich schon einmal gut an. Noch beruhigender ist es zu wissen, dass man nicht den Rest seines Lebens nicht enden wollene Theorien lernen muss. Nun zur Systematik dieses Buches. Wir wissen bereits, dass wir das Musikland überfliegen wollen. Aber ein Rundflug ist nur erfolgsversprechend, wenn der Pilot die Details erklärt und der Passagier einen Überblick über die Landschaft erhält. Nur so kannst du bei dem Blick aus dem Fenster wissen, dass der kleine Klotz dort unten dein Haus ist. Damit du nach der Landung dein Haus sicher findest, ist jedes Kapitel wie folgt aufgebaut:

VORAB

Jedes Kapitel fängt mit einem Wissensbarometer an, der dir in dick gedruckter Schrift zeigt, wo du dich gerade im Buch befindest.

IM ALLGEMEINEN

Zu Beginn des Buches werde ich einen allgemeinen Teil („die Basics") abhandeln. Einen allgemeinen Teil finden wir auch zu jedem Kapitel, in dem ich ein paar allgemeine Dinge passend zum jeweiligen Thema besprechen werde.

DAS WISSEN

Dann geht es ein wenig „ans Eingemachte". Das pure Wissen wird gebündelt vermittelt.

IM BESONDEREN

Nun werde ich besondere Detailfragen unter die Lupe nehmen, die man als normaler Leser überspringen könnte, die aber den Wissbegierigen interessieren werden.

DIE MERKKÄSTCHEN

Bei über 50 (!) Schwerpunktthemen helfen kleine Merkkästchen und Grafiken die besprochenen Themenbereiche leichter zulernen.

DER PRAKTISCHE TIPP

Manchmal fehlt einem die richtige Idee, wie die Theorie praktisch umzusetzen ist. Deshalb habe ich immer wieder kleine praktische Tipps zur Umsetzung des Gelernten eingestreut.

ZUR WIEDERHOLUNG

Kurz vor dem Ende eines jeden Kapitels stelle ich dir einige Wiederholungsfragen, mit denen du überprüfen kannst, ob du alles verstanden hast.

ZUR ÜBUNG

Am Ende des Kapitels folgen einige Übungen, mit denen das gelernte Wissen ein wenig vertieft wird. Und fertig!

Wenn du also diese Seiten durchgearbeitet hast, kannst du behaupten, die wesentlichen Konturen des Musiklandes gesehen zu haben. Vielleicht bist du noch nicht einer der besten Musiktheoretiker. Aber wer ist das schon?

WO FINDEST DU WAS?

Wir fangen mit den **Grundlagen** an.

Dann wenden wir uns den **Noten** zu.

Nun bekommen wir **Rhythmus** ins Blut.

Es wird interessant. Ich spreche von **Intervallen**.

HALBZEIT

Wohin mit den ganzen Tönen? – Die **Tonleiter**.

Vom Ton zum **Akkord**.

Mit Tönen und Akkorden zur **Melodie**.

Feinschliff: Wie trage ich mein Lied richtig vor?

INHALT

WISSENSBAROMETER

Wir fangen mit den Grundlagen an.

Dann wenden wir uns den Noten zu.

Nun bekommen wir Rhythmus ins Blut.

Es wird interessant. Ich spreche von Intervallen.

Wohin mit den ganzen Tönen? – Die Tonleiter.

Vom Ton zum Akkord.

Mit Tönen und Akkorden zur Melodie.

Feinschliff: Wie trage ich mein Lied richtig vor?

2. WIR FANGEN MIT DEN GRUNDLAGEN AN

A. WAS BEDEUTET EIGENTLICH „MUSIK"?

Das erste Kapitel ist ein Rundflug über das Musikland in höchster Höhe. Es dient der absoluten Groborientierung. Wo bin ich? Vieles ist dir bestimmt schon bekannt oder erscheint dir von dort oben betrachtet unwichtig. Trotzdem schadet es nicht, ein paar Grundlagen rund um die Musik zu wissen und gegebenenfalls aufzufrischen. Die Musik (musikè tèchne griech. = Kunst der Musen) ist eine Art Lebensäußerung des Menschen. Wie der Maler zeichnet und der Dichter dichtet, so komponiert der Musiker seine Lieder. Er setzt sich mit seinem Ego, seinem Umfeld oder der ganzen Welt auseinander.

Über die Jahrhunderte betrachtet zeigt sich, dass die Musik eine Art Abbild der Gesellschaft ist. Stets sollte die Musik die Menschen positiv wie negativ zum Nachdenken oder Vergessen animieren. Einerseits verbreiteten sich „politisch hetzerische Lieder", die auf die verschiedensten Missstände in Kultur und Politik aufmerksam machen sollten. Andererseits hieß es „Brot und Spiele": Musik als pure Unterhaltung. Denn wem eine heile Welt besungen wird, der denkt nicht über die allgemeinen Probleme nach.

Heute beschränkt sich der Grundgedanke der Musik leider oftmals mehr auf Verkaufszahlen statt auf Liebe, Mut und Tapferkeit. Aber es gibt natürlich auch Ausnahmen. Doch ganz egal aus welchem Grunde du dich für die Musik entscheidest, was – damals wie heute – geblieben ist, ist die Technik, einen Song zu schreiben oder zu spielen. Und darum geht es hier: Um die Grundlagen der Musiktheorie.

B. MATERIALIEN DES MUSIKERS

Als Materialien stehen dem Musiker Töne, Klänge und Geräusche zur Verfügung. Wenn du mit diesen Materialien arbeiten willst, musst du also wissen, was Töne, Klänge und Geräusche sind.

Tonentstehung: Ein elastischer Körper, fest (Saite) oder gasförmig (Luft in der Flöte) wird in Schwingung gesetzt, und diese breitet sich kugelförmig aus (wie ein Tropfen im Wasser). Die Schwingungen können regelmäßig (Ton), periodisch (Klang) und unperiodisch (Geräusch) sein.

Tonhöhe: Ist abhängig von der Anzahl der Schwingungen pro Sekunde (Hz).

Tonstärke: Wird durch die Weite der Schwingung (Amplitude) bestimmt.

Klang: Setzt sich aus Schwingungen und Naturtönen zusammen. Naturtöne sind die Töne, die harmonisch über den gespielten Ton mitschwingen (harmonische Obertöne). Erst die spezifischen Obertöne ergeben die Klangfarbe der verschiedenen Instrumente (Bass, Gitarre, Stimme, etc.).

Geräusch: Ergibt sich aus unharmonischen Obertönen (Geklapper am Schlagzeug).

C. DER WEG ZUM OHR

Wie nehmen wir Töne und Geräusche wahr? Ohne medizinisch oder physikalisch ins Detail zu gehen, kann man sich leicht folgenden Ablauf vorstellen: Hören vollzieht sich über Schwingungen, die von der Luft zum Ohr übertragen werden. Im Ohr kommen die Schwingungen als akustische Reize an, die in nervöse Impulse gewandelt und schließlich im Hirn sinnvoll verarbeitet werden. Der Hörbereich eines gesunden Menschen reicht von 16 Hz in der Tiefe bis 20 000 Hz in der Höhe. Allerdings können wir schon ab 14000 Hz nicht mehr von einem hörbaren Ton sprechen. Es liegt eher etwas in der Luft. Unterhalb der 60 Hz wird allgemein nur noch ein undefinierbares Grummeln und ab 3500 Hz ein spitzer Ton (vielleicht das hysterische Geschrei der chronisch lärmbelästigten Nachbarin). So, noch kurz eine Skizze:

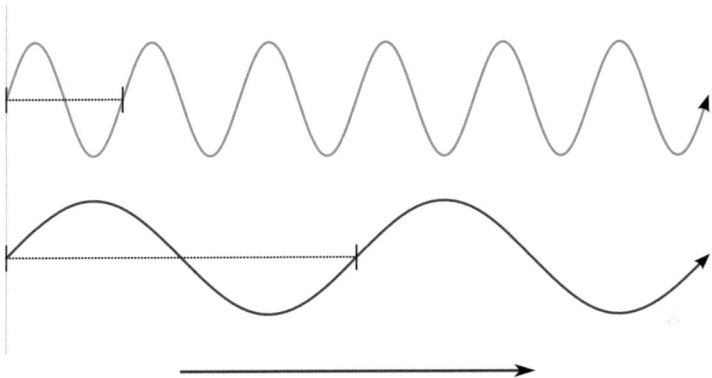

VIELE SCHWINGUNGEN = HOHER TON

WENIG SCHWINGUNGEN = TIEFER TON

D. ORIENTIERUNG MIT DEM KAMMERTON

Viele verschiedene Frequenzen machen das Zusammenspiel der unterschiedlichen Instrumente recht kompliziert. Um einen einheitlichen Bezugspunkt zu haben, wurde ein einheitlicher (Kammer)Ton zur Stimmung der unterschiedlichen Musikinstrumente festgelegt. Dieser Ton entspricht der Note A (mehr dazu später) liegt bei genau 440 Hz.

DER KAMMERTON

A1 = 440 HZ

E. STIMMUNG

Bei jedem Klang, im gemeinem Sprachgebrauch auch als Ton bezeichnet – was ja eigentlich falsch ist, wie du jetzt weißt – schwingen nicht nur eine (1) Kurve auf und ab, sondern viele harmonische Töne. Diese harmonischen Töne heißen Obertöne. Nun lassen sich diese Töne genau berechnen. Wie man diese Töne errechnet und welche dies genau sind, ist hier egal. Jedenfalls nennt man eine nach den Obertönen orientierte Stimmung eine reine Stimmung. Leider ist die reine Stimmung so rein und genau, dass der Halbton über F (Fis) um 1/9 verschieden zu dem Halbton unter G (Ges) ist (enharmonische Gleichsetzung). Wo diese Töne genau liegen, werden wir später noch lernen. Wichtig ist hier nur, dass die beiden Töne (Fis und Ges) eigentlich „gleich" klingen sollten. Tun sie aber nicht. Lange Rede kurzer Sinn: In der Praxis hat man diese Klangabweichung einfach ignoriert und die „12-Ton-Stimmung" eingeführt. Diese Stimmung nennt sich temperierte oder zweckmäßige Stimmung. Bei dieser Stimmung werden also die Töne Fis und Ges einfach zu einem Ton erklärt. Bezugsreihe der temperierten Stimmung ist die 7-stufige Dur- und Mollreihe. Aber auch dazu erst später: Also keine Sorge, wenn dies jetzt noch für dich etwas nach Fachchinesisch klingt.

Die Kunst mit drei Materialien (Ton, Klang, Geräusch) über Jahrhunderte das Volk zu begeistern liegt darin, die drei Arbeitsmaterialien möglichst geschickt zu verarbeiten. Um die Materialien verarbeiten zu können, braucht man die passenden Werkzeuge. Denn nur mit einem guten Werkzeug kann auch ein gutes Werk herstellen bzw. komponieren. Im Wesentlichen müssen wir sechs Werkzeuge kennen. Hierbei ist der Clou, die Werkzeuge möglichst variantenreich zu kombinieren. Und genau hier fängt dein kreatives Geschick und Talent an ...

F. WERKZEUGE DES MUSIKERS

ZEITLICHES NACHEINANDER DER TÖNE = MELODIE

UNTERSCHIEDLICHE TONDAUER = RHYTHMUS

BETONUNG = METRUM

ZEITMASS = TEMPO

ABSTUFUNG DER TONSTÄRKE = DYNAMIK

VERSCHIEDENE INSTRUMENTE = KLANGFARBE

Viel mehr gibt es nicht. Drei Materialien und sechs Elemente sind das Wesen der Musik und überraschen den Menschen seit ewigen Zeiten jeden Tag aufs Neue. Commander Spock der Enterprise würde fragen: „Faszinierend, sind die Komponisten so einfallsreich oder die Hörer so einfallslos?" Egal wie, wir freuen uns, dass es nicht mehr zu lernen gibt.

Na gut. Das soll jetzt auch als trockener Einstieg reichen. Wir sagten ja eingangs: Nicht zu wenig – aber auch nicht zu viel Theorie.

G. WIEDERHOLUNG

Was sind die Voraussetzungen zur Erzeugung von Tönen, Klängen und Geräuschen?

Unterschiede zwischen Ton und Geräusch?

Beziehung zwischen Tonhöhe und Schwingungszahl?

Wie ergeben sich unterschiedliche Klangfarben?

Was ist der Kammerton und auf welcher Frequenz liegt er?

Unterschied zwischen reiner und temperierter Stimmung?

Welche Elemente der Musik fallen dir ein (es waren 6!)?

H. ÜBUNG

Hey, es gibt an dieser Stelle noch nichts zu üben!

Prima. Da freut sich der Leser. Und schon geht es weiter!!!

WISSENSBAROMETER

Wir fangen mit den Grundlagen an.

Dann wenden wir uns den Noten zu.

Nun bekommen wir Rhythmus ins Blut.

Es wird interessant. Ich spreche von Intervallen.

Wohin mit den ganzen Tönen? – Die Tonleiter.

Vom Ton zum Akkord.

Mit Tönen und Akkorden zur Melodie.

Feinschliff: Wie trage ich mein Lied richtig vor?

3. DANN WENDEN WIR UNS DEN NOTEN ZU

A. WAS IST EINE NOTE?

Die Note ist das Symbol der schriftlichen Aufzeichnung von Musik (nota, lat. = Zeichen). So einfach ist das! Da hilft auch kein, „äh, Noten habe ich schon in der Schule nicht gemocht". Ich auch nicht. Dabei ist das mit den Noten ganz einfach und: es gibt viel weniger Noten als Buchstaben. Außerdem sollst du ja nur einen winzigen Überblick über die Notenschrift bekommen. Eigentlich muss man sich nur zwei (2!) Dinge vor Augen halten. Was die Noten kennzeichnet ist die: Tonhöhe (1.) und Tondauer (2.). Na? Das war doch nicht zu viel.

UNTERSCHIEDE NACH TONHÖHE

Noten kann man nicht einfach auf leere Blätter schmieren. Zwar kann man sie schmieren. Jedoch klappt es nicht mit den leeren Blättern. Um eine Note erkennen zu können (es sind ja nur kleine Kügelchen) braucht man fünf Linien, das 5–Liniensystem. Dabei werden die Noten auf und zwischen den Linien platziert:

Sollten die fünf Linien einmal nicht ausreichen, weil ein Ton zu tief oder zu hoch ist, so fügt man einfach eine kleine Hilfslinie ein (siehe das erste Kügelchen), auf welche die entsprechende Note eingetragen wird.

UNTERSCHIEDE NACH TONDAUER

Neben dem geeigneten Ort zur Kennzeichnung der Tonhöhe (das Liniensystem), müssen wir auch die geeignete Form zur Kennzeichnung der Tondauer lernen. Die Note wird als kleines ovales Kügelchen gezeichnet. Die unterschiedliche Tondauer wird durch Ausfüllen der Kügelchen und Ankleben kleiner Fähnchen gekennzeichnet:

DIE WICHTIGSTEN NOTEN

Kügelchen und Fähnchen: Das ist doch einfacher als das ABC, oder? Zum Schluß noch drei kleine Besonderheiten zur Schreibweise: Die Noten werden von links nach rechts geschrieben und gelesen, die Hälse von oben nach unten gezeichnet. Werden mehrere Noten gleichzeitig gespielt, notiert man diese auf einem Hals.

B. EIN NAME FÜR JEDE NOTE

Wo die Tonhöhe abzulesen ist, haben wir bereits besprochen: Im Liniensystem. Je „höher" eine Note ist, desto „höher" zeichnet man diese in das Linienraster ein. Nun geben wir den einzelnen Kügelchen eigene Namen. Bei der Taufe der einzelnen Noten kann man sich nach der absoluten und relativen Tonhöhe richten.

Absolute Tonhöhe beschreibt einen Ton nach dem Alphabet:

a b c d e f g (praktisch).

Leider wurde im Laufe der Zeit durch Veränderung der Schreibweise aus dem b ein h. Wir schreiben also: a h c d e f g (weniger praktisch).

Der übliche Musizierbereich fängt nun auch noch bei dem c an. Damit kommen wir zu dem berühmten Aufgang:

DIE ABSOLUTE TONHÖHE

C D E F G A H C

Mit der relativen Tonhöhe soll dem Gehör die Zuordnung der Note zur Tonhöhe erleichtert werden. Hier werden Silben statt Buchstaben verwendet: ja le mi ni ro su wa ja - oder im slawischen bzw. romanische Ländern (Johannes Hymnus):

DIE RELATIVE TONHÖHE

DO   RE   MI   FA   SOL   LA   SI   DO

Die Lage der ganzen Töne (Stammtöne) läßt sich am bestem an einer Klaviertastatur einprägen. Einen Komplettdurchgang von C zu c nennt man eine Oktave. Es gibt – dies nur für die Wissensdurstigen – mehrere Oktaven. So nennt man eine Oktave von c – c1 eine „Kontra – Oktave" oder von c1 – c2 eine „Subkontra – Oktave".

Die genauen Bezeichnungen würden aber den Rahmen dieses Skripts sprengen. Wichtig ist: dass die Töne von einem Ton zum nächst gleichen Ton eine Oktave genannt wird (z. B. c1 – c2 oder F – f1).

Und nun die tolle graphische Darstellung im „Kleinformat":

C. SCHLÜSSEL ZUR MUSIKWELT

Wie oben angedeutet, gibt es verschiedene Töne, verschiedene Obertöne und damit auch verschiedene Frequenzbereiche. Folglich muss es auch (wie man in der Skizze gut erkennen kann) verschiedene Oktaven geben. Damit haben wir aber ein kleines Schreibproblem. Wie soll man mehr als zwei Oktaven in unser schönes 5 – Liniensystem eintragen? Mit den Hilfslinien. O.K. Aber wie viele Hilfslinien sind dem schreibfaulen Komponisten zumutbar? Irgendwann sieht man ja vor lauter Hilfslinien die Noten nicht mehr. Die Lösung liegt nahe. Wenn ein (1) Liniensystem nicht reicht, brauchen wir eben mehrere. Demnach müssen wir unterschiedliche 5 – Liniensysteme basteln. Dazu brauchen wir den Notenschlüssel. Stell dir einfach vor, du würdest mit unterschiedlichen (Noten-)schlüsseln verschiedene 5 – Liniensystem „aufschließen".

Der Notenschlüssel ordnet jeweils einer bestimmten Linie eine bestimmte Note zu, an die man sich orientiert. So kann man für jede Linie und jede Note ein eigenes 5-Liniensystem basteln, in dem jeder Ton Platz findet. Oh je. So viele Systeme. Das hört sich wieder nach Arbeit an. Keine Sorge. In der europäischen Region sind nur zwei (maximal drei) Schlüssel zu finden. Die beiden wichtigsten Schlüssel sind der Violinenschlüssel (auch G-Schlüssel genannt, weil er die Linie festlegt, auf welcher der Ton G liegen soll)

und der Baßschlüssel (F-Schlüssel, weil er die F – Linie festlegt).

Es macht die Sache um so amüsanter, wenn man daran denkt, dass so früher einmal die Buchstaben G bzw. F geschrieben wurden.

D. C-SCHLÜSSEL

Weitere Schlüssel wären die verschiedenen C – Schlüssel (B). Wenn das c1 auf der 5. Linie des Liniensystems liegen soll, dann schreibt man einen C-Schlüssel derart auf die 5. Linie, dass die 5. Linie mittig durch den Schlüssel führt (= Baritonschlüssel). Die Linien werden übrigens immer von unten nach oben gezählt. Im weiteren sieht das dann entsprechend aus:

c1 auf der 4. Linie = Tenorschlüssel,

c1 auf der 3. Linie = Altschlüsse,

c1 auf der 2. Linie = Mezzosopran,

c1 auf der 1. Linie = Sopranschlüssel.

Heute findet man jedoch nur noch den Alt- (Viola) und Tenorschlüssel (z. B. Fagott, Posaune). So, damit beenden wir das Thema Schlüssel!

E. VERSETZUNGSZEICHEN

Da wir keine halben Sachen machen wollen, möchte ich noch kurz ein paar kleine Hinweise zu den Halbtönen loswerden. Wie wir der Zeichnung der Klaviertastatur leicht entnehmen können, gibt es neben den weißen Tasten - auf denen sich die Stammtöne (c d e ...) befinden - auch noch eine ganze Reihe schwarzer Tasten. Auf diesen sind die Halbtöne zu finden. Dazu muss man wissen, dass jeder Ton nach oben „erhöht" oder nach unten „erniedrigt" werden. So oder so erhalten wir stets einen Halbton. Aber nun zur Schreibweise. Einen Halbton durch eine halbe Note darzustellen, wäre sehr unschön. Jedoch ist unser Liniensystem bereits ausgefüllt. Wir müssen uns also mit einem weiteren Zeichen weiterhelfen. Und dies sieht dann so aus:

TONERHÖHUNG WIRD DURCH EIN KREUZ (#) UND

(-IS) AN DEN NOTENNAMEN GEKENNZEICHNET

CIS, DIS, EIS, FIS, GIS, AIS, HIS

TONERNIEDRIGUNG WIRD DURCH EIN BE (B) UND

(-ES) AN DEN NOTENNAMEN GEKENNZEICHNET

CES, DES, ES, FES, GES, AS, B

Wenn das Bedürfnis nach komplizierter Schreibweise besteht, kann man auch einen Ton doppelt „halb" verschieben. Dann wird z. B. ein D durch zwei Halbtöne in die Tiefe versetzt ein C. Die Schreibweise für dieses Spielchen ist relativ einfach. Man hängt einfach die Silbe der Versetzung zweimal an (z. B. deses oder disis).

Ich weiß. Jetzt kommt die Klage: „Ja, dann haben die einzelnen Tasten immer zwei, drei oder vier Namen (C oder His oder Deses oder aisis). Stimmt. Macht aber nichts. Bei „temperierter Stimmung" (s.o.) sind die Namen austauschbar. Und weil (viele) Musiker „faul" sind, werden üblicherweise doch nur die Stammtöne oder die „erhöhte" bzw. „erniedrigte" Versetzung gebraucht.

F. AUFLÖSUNGSZEICHEN

Versetzungszeichen sind – sofern sie für das ganze Musikstück gelten – zu Beginn der Notenzeile, nach dem Schlüssel, aber vor der Taktangabe zu schreiben. Soll nur eine Note versetzt werden, so ist direkt vor diese Note das Zeichen zu schreiben (Vorzeichen). Ein kleines Problem bei der normalen Versetzung ist, dass man unter Umständen eine Note einmal nicht versetzen will. Dann fügt man vor diese Note ein Auflösungszeichen ein (n).

♮

Fertig. Ein paar kleine Ausnahmen und Besonderheiten werden wir uns dann vor Ort vorknöpfen.

G. WIEDERHOLUNG

Wie notiert man gleichzeitig klingende Töne?

Wie notiert man nacheinander klingende Töne?

Wozu bracht man Hilfslinien?

Wie lautet die gebräuchliche Stammtonreihe?

Erkläre den Begriff Oktave.

Nenne die wichtigsten Notenschlüssel.

Welchen Oktavbereich umfaßt der Baßschlüssel?

Wozu dient ein Auflösungszeichen?

Was nennt man ein Vorzeichen und was eine Versetzung?

H. ÜBUNG

Notiere im Violinenschlüssel:

g, h, f, a, e, dis, cis, es, fisis, his, ges

Notiere im Baßschlüssel:

f, h, g, a, e, dis, cis, es, fisis, his, ges

WISSENSBAROMETER

Wir fangen mit den Grundlagen an.

Dann wenden wir uns den Noten zu.

Nun bekommen wir Rhythmus ins Blut.

Es wird interessant. Ich spreche von Intervallen.

Wohin mit den ganzen Tönen? – Die Tonleiter.

Vom Ton zum Akkord.

Mit Tönen und Akkorden zur Melodie.

Feinschliff: Wie trage ich mein Lied richtig vor?

4. NUN BEKOMMEN WIR RHYTHMUS INS BLUT

A. RHYTHMISCHE WERKZEUGE

Als Werkzeuge kommen natürlich nur die altbekannten Werkzeuge der Musik in Betracht. Wir haben ja oben gesagt, dass man nur sechs Werkzeuge kennen muss. Und dabei soll es auch bleiben.

Für den Rhythmus brauchen wir drei der oben genannten Werkzeuge, nämlich:

DIE RHYTHMISCHEN WERKZEUGE DES MUSIKERS

LANGE UND KURZE TONDAUER = RHYTHMUS

UNTERSCHIEDLICHE BETONUNG = METRUM

ZEITMASS = TEMPO

Wie die Tondauer gekennzeichnet wird, haben wir bereits kennengelernt. Nun unser Wissen noch ein wenig erweitert werden, denn die Tondauer einer Note ist zwar „relativ" im Verhältnis zum ganzen Titel meßbar, aber für uns noch nicht so recht faßbar. Oder kannst du die Länge einer Note zeitlich messen?

In meinem Musikunterricht ist mir aufgefallen, dass hier oftmals Verständnisschwierigkeiten lauern. Darum möchte ich mich diesem Problem etwas genauer widmen.

B. WIE LANGE DAUERT EINE NOTE?

RELATIVE LÄNGE EINER NOTE

Zunächst brauchen wir einen relativen Wert zur Unterscheidung von langen und kurzen Tönen. Wie wir festgestellt haben, gibt es ganze , halbe, viertel etc. Noten. Was bringt uns diese Einteilung? Nun, im Zusammenhang des gesamten Liedes können wir die unterschiedlichen Noten nach ihrer jeweiligen Länge abgrenzen. Was? Ein großes Fragezeichen steht auf der Stirn des Lesers. Nun. Ohne mich in tausend Worte zu verzetteln, möchte ich dir die Lehre der „relativen Notenlänge" mit einer Übung erklären. Klopfe mit dem Finger in gleichmäßiger Geschwindigkeit auf das arme unschuldige Buch (also nicht zu doll). Nun stelle dir vor, dass bei jedem 4. Schlag eine Zähleinheit beendet sein soll. Du zählst also 1, 2, 3, 4 / 1, 2, 3, 4, etc. So. Die Zeit, die von dem ersten zum zweiten Schlag (1 – 2) verstreicht, dauert genau 1/4! Nun klopfst du nur den ersten und dritten Schlag. Die restlichen zwei Schläge (3, 4) denkst du dir. Jetzt liegt zwischen den Schlägen eine Zeitspanne von einer halben Note. Schließlich beschränkst du deinen Schlagaustausch und die EINS. Die 2, 3 und vier zählst du leise. Die Dauer bis zum zweiten Schlag ist jetzt eine ganze Note.

Damit hast du hoffentlich ein Gefühl für die Dauer einer Note bekommen. Nun ist dir sicherlich aufgefallen, dass der Abstand zwischen den einzelnen Schlägen wesentlich davon abhängt, wie schnell du zählst. Deshalb habe ich diese Notenlänge auch relativ genannt.

TATSÄCHLICHE LÄNGE EINER NOTE

Um die tatsächliche Dauer einer Note festlegen zu können, brauchst du konkretes Zeitmaß, nämlich das Tempo. Erst wenn du weißt, in welchem Tempo geklopft wird, kannst du die richtige Dauer einer Note mit der Uhr messen. So kann eine Halbe Note in einem langsamen Titel (z. B. einer Ballade) viel länger dauern, als in einem schnellen Rocksong. Die Geschwindigkeit wird in der Regel in „bmp" gemessen. „Bmp" ist die Abkürzung dafür, wie viele Schläge pro Minute erfolgen sollen (beats per minute). Aber das nur als Vorwissen, ich wiederhole dieses Thema nämlich gleich bei den Takten noch einmal detailliert.

GIBT ES AUCH LÄNGERE NOTEN?

Die Notendauer beschränkt sich nach unserem obigen Verfahren z. B. auf ganze und halbe Noten. Nun ist es denkbar, dass es längere oder kürzere Noten gibt. So könnte man sich eine Dreiviertelnote vorstellen. Tatsächlich gibt es diese Noten an Mass. Gott sei Dank ist die zu lernende Faustformel denkbar einfach: Der Punkt hinter einer Note verlängert die Tondauer um die Hälfte ihres normalen Notenwertes. Man spricht von punktierten Noten" .

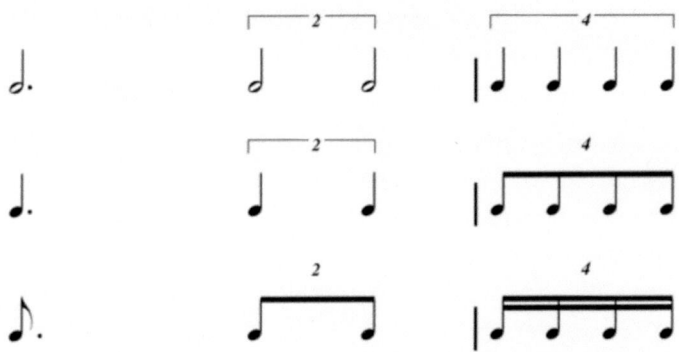

Jeder weitere Punkt verlängert die Tondauer um die Hälfte des verkürzenden Wertes. Im obigen Beispiel würde dies bedeuten:

- ein Punkt hängt an die halbe Note eine Viertelnote an

- ein weiterer Punkt hängt an die halbe Note

- eine Viertelnote und eine Achtelnote an

- ein weiterer Punkt hängt.... und - so weiter und so weiter.

Neben dem Spiel „Pünktchenanhängen" gibt es auch noch das Spiel „Bogenschießen" (man spricht hier von einer Ligatur = Überbindung). Ziel ist es, möglichst verschieden lange Noten zu basteln. Mit den Pünktchen kommen wir ja schon ein ganzes Stück weiter. Aber man unterliegt den Zwängen des Halbierens. Beim Bogenspiel ist man hingegen un"gebunden". Die Regeln sind ganz einfach: Jeder Bogen addiert die zwei verbundenen Notenwerte

Man könnte also auch an Stelle eines Bogens ein „+" schreiben. Sieht aber blöd aus.

DIE KLEINE GEMEINHEIT

Unregelmäßige kleine Gemeinheiten gibt es natürlich auch bei der schönsten Regel. So sind nicht nur zweiteilige Aufteilungen einer Note möglich, sondern auch mehrere - insbesondere dreiteilige Gliederungen – denkbar. Wenn wir drei Noten gleicher Länge zusammenfassen, dann sprechen wir von einer Triole.

Eine Triole ist graphisch dadurch gekennzeichnet, dass die drei Noten mit einem kleinen Balken verbunden werden, und eine kleine Drei über dem Balken steht. Weitere Unterteilungen sollen uns hier nicht weiter interessieren. Wer muss schon unbedingt wissen, was eine Quartole, Quintole Sextole etc. ist?

C. ZEIT FÜR EINE PAUSE

DAS WESEN DER PAUSE

Die Freude beim Lesen der Überschrift ist kurz, denn ich meine nicht deine Pause, sondern die musikalische Pause (und auch nicht die Pause zwischen zwei Konzertblöcken).

Mit der Pause verhält es sich ebenso wie mit den Noten. Darum wollen wir auch an dieser Stelle die Pausen besprechen. Denn die Pausen sind viel einfacher als die Noten, d.h. alles was wir bislang gehört haben, läßt sich problemlos auf die Pausen(-dauer) übertragen.

Es gibt lange und kurze Pausen. Um sich die Pausen besser einprägen zu können, schau dir die nächste Gegenüberstellung an. Sonst gibt es nicht viel zu den Pausen zu sagen.

Im Zweifel lies dir einfach noch einmal die Erläuterungen zu den Noten durch.

GEGENÜBERSTELLUNG NOTEN UND PAUSEN

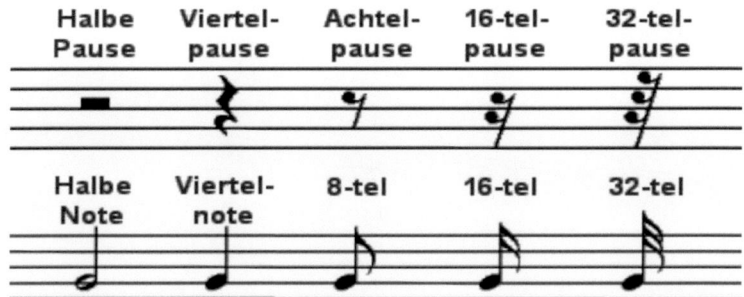

EXTRAPAUSE

Auch diesmal noch ein kleines Bonbon zu den Pausen. Ein Komponist muss– wie so oft – mehr theoretisches Wissen haben als der normale Musikant. Dies liegt bestimmt daran, dass er seine Ideen irgendwie zu Papier bringen muss, um sie nicht zu vergessen.

Bei den Pausen ergibt sich ein kleines Problem, wenn eine Komposition mit mehreren Instrumenten und Stimmen notiert werden muss. Nun müßte nämlich im Falle einer Pause für jedes Instrument ein Pausenzeichen gemalt werden. Das geht nicht. Als Lösung hat man das „Generalpausenzeichen" (das gleiche Zeichen gibt es auch als Haltezeichen – Fermate - wenn es über einer ganzen Pause steht) erfunden.

Mit diesem Symbol ist ab eingetragener Stelle für alle Stimmen Ruhe (im Karton).

DIE GENERALPAUSE

D. WER GIBT HIER DEN TAKT AN?

Okay. Jetzt wissen wir, dass es Noten und Pausen gibt. Aber wohin mit den ganzen Zeichen? Wir kennen bereits unser 5-Liniensystem. Also machen wir es uns einfach und nutzen unsere Kenntnisse. Wir stellen uns vor, dass unser Liniensystem eine Zeitachse ist. Damit jeder genau weiß, wo er sich gerade im Titel befindet, ziehen wir in regelmäßigen Abständen Taktstriche.

DER TAKT

Der Takt   Das Liniensystem   Der Taktstrich

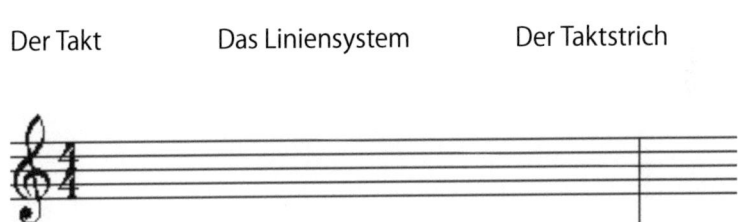

So weit - so gut. Die Taktstriche alleine helfen uns natürlich nicht weiter. Wir wissen ja noch nicht, wie viele Noten zwischen zwei Taktstrichen stehen sollen. Im Prinzip könnten jeder Notenwert und auch unterschiedlich viele Noten eingetragen werden.

Aber es haben sich zwei Grundformen im Laufe der Zeit herausgebildet. Der Zweier – und Dreiertakt. Betont wird stets die erste Note im Takt (also nach dem Taktstrich)!

ALS GERADER (ZWEITEILIGER) TAKT SIND

DER 4/4 TAKT ZU MERKEN.

ALS UNGERADER (DREITEILIGER) TAKT IST DER 3/4 WICHTIG (AUCH WENN MAN NICHT WALZER TANZT):

Natürlich ist auch bei diesen Einteilungen der Kreativität keine Grenze gesetzt. So kann man die verschiedenen Spielarten beliebig miteinander verbinden. In vielen Ländern zwingt auch schon die Sprache zu kombinierten Taktarten, so ist z. B. in Südosteuropa der 7/8 Takt weit vertreten. Zu guter Letzt kann eine bestimmte Betonung in der Melodie zu einem Taktwechsel innerhalb des Liedes führen. Es wäre ja unsinnig, nur wegen der Formalien eine Silbe falsch zu betonen. Schließlich soll uns das Liniensystem weiterhelfen ... und nicht in unserer Kreativität hemmen.

DER AUFTAKT

Takt hin ... Takt her, oft stellt sich das Problem, dass in einem Titel gerade nicht die erste Note betont werden soll, sondern – sozusagen als Einleitung – eine unbetonte Note das Lied anfängt. Dieses Problem kennt vielleicht der eine oder andere aus Gedichten und Texten, die gerne mit unbetonten Silben (meistens Artikel) beginnen. In der Musik erweitert man das Liniensystem einfach um diesen Notenwert nach links. Dieser arme kleine „Möchtegern-Takt" nennt der Musiker Auftakt. Nun gibt es noch eine ganze Menge Möglichkeiten, die Darstellung der Noten und Pausen zu verbessern. Allerdings haben wir jetzt schon so viel kennengelernt, dass wir uns zumindest auf jedem Notenblatt zurechtfinden können. Ich finde, dass wir uns nun ausreichend mit Pausen, Takten und all den Gemeinheiten beschäftigt haben. Na, dass hört sich doch gut an, oder?

E. NICHT ZU SCHNELL: DAS TEMPO"

DAS ERSTE

Wie bei so vielen Dingen im Leben, steht und fällt der Erfolg mit dem richtig gewählten Zeitpunkt. Und nicht nur der „Punkt" der Zeit ist ausschlaggebend, sondern auch der Verlauf der Zeit. Ist nicht zuletzt alles eine Frage der Zeit?!? Was uns daher fehlt, ist ein gebündeltes Wissen über die Zeiteinteilungen in der Musik. Wir beschäftigen uns im folgenden mit dem Tempo.

Was wir schon wissen ist, dass die Note für sich alleine betrachtet nicht viel über die tatsächliche Zeit aussagt. Erst wenn wir die tatsächliche Geschwindigkeit kennen, in der die Noten zu lesen sind, können wir auch die wirkliche Dauer der Note bzw. des Liedes einschätzen.

Nun gibt uns die Beschreibung „schnell" oder „mäßig bewegt" nicht große Auskunft über das Tempo des Titels. Was wir brauchen ist ein Richtwert ... ein vernünftiger Mittelwert als Ausgangspunkt. Und woran könnte man sich besser orientieren, als an der Natur des Menschen? Denn bekanntlich läßt uns ja gerade alles Natürliche wohl empfinden. So geht man in der Musik vom Pulsschlag des Menschen aus und sagt, das Tempo des Pulses (eines ruhig gehenden Menschen) entspricht einem mittleren Tempo. Als Fachausdruck bedient man sich mal wieder der lateinischen Sprache und nennt das ganze andante.

Das mittlere Tempo entspricht dem Pulsschlag eines ruhig gehenden Menschen und nennt sich

ANDANTE

Neben dem normalen Tempo, gibt es natürlich eine Vielzahl weiterer Tempobezeichnungen. Als da wären:

sehr schnell	=	Presto
schnell, heiter	=	Allegro
mäßig bewegt	=	Moderato
langsam	=	Lento
sehr langsam (breit)	=	larghissimo

Die ganzen Zwischentempi möchte ich mir hier sparen (wer dachte, dass die Mehrzahl von Tempo: Tempi heißen? „.....ich hätte gerne eine Packung Tempi – Taschentücher...“). Wichtig ist aber, dass ein Tempo auch verzögert oder beschleunigt wird.

ERSTES NENNT MAN: RITERDANDO

LETZTERES NENNT MAN: ACCELERANDO

Aber dazu später. Zuviel Theorie? Eigentlich braucht man in der normalen U-Musik allenfalls eine Tempoverzögerung. Denn wer kennt nicht den klassischen Trommelwirbel am Ende einer Rockballade, wenn der Sänger das Schlagzeugpodium besteigt, die Arme in die Luft streckt und bedeutungsvoll den Sprung in die Tiefe verzögert?

DAS FEINE

Im Zeitalter der Technik reichen die obigen Begriffe nicht mehr aus. Wobei ich gerade nicht an den zu Unrecht verfluchten Computer denke, sondern an das schon fast zweihundert Jahre alte Metronom. Bei einem Metronom (dieser kleine aber laute Kasten, der auf vielen Klavieren zu finden ist) funktioniert erstaunlich einfach ... aber wirkungsvoll. Man läßt das kleine Pendel munter von links nach rechts schlagen, und zählt fleißig die Schläge in einer Minute. Fertig. Je öfter der kleine Kasten einen Ton von sich gibt, desto schneller ist das Tempo.

DAS TEMPO ANDANTE ENTSPRÄCHE UNGE-
FÄHR 75 BIS 110 SCHLÄGEN PRO MINUTE.

In vielen neuen Computerprogrammen wird als Einheit für das Tempo das Kürzel bmp benutzt (s.o.). Als weltoffener – und bereits belesener - Mensch, schließen wir natürlich gleich, dass diese Abkürzung nichts anderes ist, als die englische Umschreibung für die uns längst bekannten „Metronomschläge pro Minute".

Tatsächlich sind die großen erfolgreichen Balladen in unserem normalen Gehtempo geschrieben. So z. B. Sailing von R. Steward oder Brothers in arms von Dire Straits.

Der Mensch ist eben doch ein Gewohnheitstier.

Gut. Es wäre geschafft.

Jetzt hast du das wichtigste über die Noten und den Rhythmus gehört. Nun kommen wie gewohnt ein paar Fragen zur Wiederholung, die du hoffentlich auch durcharbeitest.

Jedenfalls solltest du dir die Übungen genau anschauen, denn der Rhythmus ist ein besonders wichtiger Bestandteil der Musik.

Das gleiche gilt natürlich auch für die Noten, jedoch habe ich dort keinen zusätzlichen Hinweis gegeben, weil sich ja jeder selbst denken kann, dass es ohne Noten auch keine (aufgeschriebene) Musik geben kann.

F. WIEDERHOLUNG

Was sind die Unterschiede von Rhythmus, Metrum und Tempo?

Was ist eine Generalpause?

Was verstehst du unter einer Triole?

Welche Taktarten sind die wichtigsten?

Was ist ein Auftakt?

Welche Tempobezeichnungen kennst du?

G. ÜBUNG

Versuche das Metrum (die Taktarten) dir bekannter Lieder heraus-zufinden. Schlage den Rhythmus dieser Lieder mit dem Finger auf den Tisch und versuche, ihn in Noten aufzuschreiben.

Nun klopfe folgenden Rhythmus einmal schnell und einmal lang-sam.

Dann drehe die Takte um, und fange von vorne an.

Jetzt bist du gefragt ... denke dir einen eigenen Rhythmus aus, schreibe ihn auf. Dann klopfe diesen Rhythmus möglichst gleich-mäßig.

WISSENSBAROMETER

Wir fangen mit den Grundlagen an.

Dann wenden wir uns den Noten zu.

Nun bekommen wir Rhythmus ins Blut.

Es wird interessant. Ich spreche von Intervallen.

Wohin mit den ganzen Tönen? – Die Tonleiter.

Vom Ton zum Akkord.

Mit Tönen und Akkorden zur Melodie.

Feinschliff: Wie trage ich mein Lied richtig vor?

5. ES WIRD INTERESSANT: INTERVALLE

A. KURZE PAUSE!

Wir haben es kaum gemerkt, aber die Hälfte unseres steinigen Weges zum Erfolg liegt bereits hinter uns. Die Oktave ist also zur Hälfte gespielt. Damit hast du dir mit deinem eisernen Willen, die Theorie der Musik zu lernen, ein großes Lob verdient. Und auch ich lobe mich jetzt einfach einmal, denn ich habe ja anscheinend das kleine Buch derart interessant gestaltet, dass du es noch nicht unter anderen Büchern (oder Videos) vergraben hast. Zur Belohnung verbirgt sich hinter diesem verheißungsvollen Kapitel ein besonders kurzes Erlebnis. Auch die nachstehende Übung ist diesmal sehr kurz ausgefallen. Na dann. Ich hole mir noch rasch einen Tee ... und weiter geht's!

B. WAS IST EIN INTERVALL?

Das Wort Intervall bedeutet schlicht übersetzt soviel wie Zwischenraum. Gemeint ist der Zwischenraum zwischen zwei Noten. Dabei ist es egal, ob die Noten nacheinander - als Melodie - oder gleichzeitig - als Zweiklang - verbunden sind. Wichtig ist nur, dass wir uns auf zwei Noten beschränken.

C. DIE WICHTIGSTEN INTERVALLE

Um das jeweilige Intervall richtig zu benennen, benutzt man die lateinischen Ordnungszahlen. Ausgehend vom C wäre das C selbst eine Prime, das D eine Sekunde, das E eine Terz und das F eine Quinte etc.

DIE NAMEN DER WICHTIGSTEN INTERVALLE

PRIME

SEKUNDE

TERZ

QUARTE

QUINTE

SEXTE

SEPTIME

OKTAVE

D. DAS KLEINE/GROSSE INTERVALL

Wegen der Eigenart unserer Tonleiter ergeben sich unterschiedliche Abstände zwischen den einzelnen Tönen, wenn wir vom C ausgehend nach oben oder unten die Intervalle bilden.

So wird man feststellen, dass es z. B. vom C zum E (eine Terz nach oben) 4 Halbtonschritte sind (nämlich Cis,D,Dis und E) , wo zwischen C und A (eine Terz nach unten) nur 3 Halbtonschritte liegen (und zwar H, As und A).

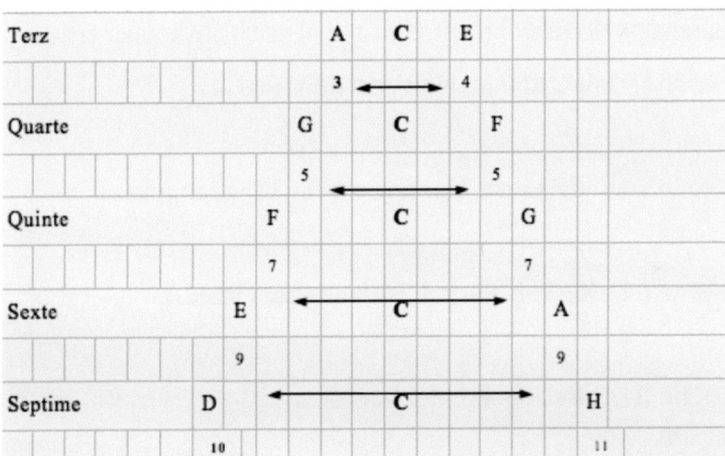

49

E. DER PRAKTISCHE TIPP

Jede Menge Wissen. Ja, die Theorie ist ein hartes Brot. Als ich die Intervalle gelernt habe fiel mir auf, dass es mir unheimlich schwerfiel, ein Gefühl für die einzelnen Intervalle zu entwickeln. Ehrlich gesagt habe ich mir eine ganze Weile kein richtiges Bild von den Intervallen gemacht, geschweige denn einen Tonsprung richtig bestimmen können bzw. überhaupt bestimmen können. Da kam mir folgende kleine Idee.

Wie stelle ich mir ein Intervall vor? Am besten prägst du dir Melodien ein, deren Intervall du kennst. Dann merkst du dir nur noch die Liedanfänge ... und schon hast du eine sichere Vorstellung von jedem Intervall. Da ich nicht genau weiß, welche Lieder du hörst, kann ich dir allenfalls ein paar allgemeine Beispiele nennen. Ich habe die folgenden Beispiele ausgesucht, weil ich glaube, dass diese Titel den meisten Leuten bekannt sind. Schließe aber nicht auf meine Hörgewohnheit. Die sieht nämlich etwas anders aus.

Kleine Sekunde: **kommt ein Vogel geflogen ...**

Große Sekunde: **horch, was kommt von draußen rein ...**

Kleine Terz: **Kuckuk, Kuckuk, ruft aus dem Wald ...**

Große Terz: **alle Vögel sind schon da ...**

Quarte: **auf, auf, zum fröhlichen jagen ...**

Quinte: **morgen kommt der Weihnachtsmann ...**

Sexte: **Winde wehn, Schiffe gehen ...**

F.   DIE DARSTELLUNG EINES INTERVALLS

Nun habe ich dir gezeigt, wie du dir relativ einfach ein Intervall einprägen kannst. Jetzt kannst du es zwar hören, aber noch nicht effektiv im Notenbild erkennen. Aber auch hier ist guter Rat nicht teuer. Grundsätzlich gibt es zwei Möglichkeiten, ein Intervall im Notenbild zu erkennen.

Die Darstellung eines Intervalls

JEDE DARSTELLUNG VON LINIE ZU LINIE

BZW. ZWISCHENRAUM ZU ZWISCHENRAUM

... IST EIN UNGERADES INTERVALL!

JEDE DARSTELLUNG VON LINIE ZU ZWISCHENRAUM

BZW. ZWISCHENRAUM ZU LINIE

... IST EIN GERADES INTERVALL!

G. WIEDERHOLUNG

Was ist ein Intervall?

Welche Intervalle kennst du?

Was ist der Unterschied von einem kleinen zu einem großen Intervall?

H. ÜBUNG

Spiele auf einem Instrument die verschiedenen Intervalle und verändere dabei Ton für Ton den Bezugston.

Versuche, die verschiedenen Intervalle in dir bekannten Liedern herauszufinden.

WISSENSBAROMETER

Wir fangen mit den Grundlagen an.

Dann wenden wir uns den Noten zu.

Nun bekommen wir Rhythmus ins Blut.

Es wird interessant. Ich spreche von Intervallen.

Wohin mit den ganzen Tönen? – Die Tonleiter.

Vom Ton zum Akkord.

Mit Tönen und Akkorden zur Melodie.

Feinschliff: Wie trage ich mein Lied richtig vor?

6. WOHIN MIT DEN GANZEN TÖNEN? – DIE TONLEITER

A. (TON-)LEITER ZUM ERFOLG

In den vergangenen Kapiteln sind wir schon sehr viele Stufen unserer Erfolgsleiter aufgestiegen. Aber was für eine Leiter besteigen wir eigentlich? Der Überschrift zur Folge ... eine Tonleiter. Und nun die von mir dumme Frage: Was ist eine Tonleiter? Eine einfache Frage. Aber versuche zunächst selbst eine Antwort zu finden.

Und nun folgt die schlichte Antwort. Natürliche brauchen wir Töne. Sonst wäre ja der Name Tonleiter sinnlos. Dann benötigen wir eine ... na? ... JA! Eine Leiter. Oh, was mag uns der Verfasser damit sagen? Also folgende (gebastelte) Gedankenkette bringt uns zu dem Begriff Leiter:

Eine Tonfolge setzt sich aus verschiedenen Tönen zusammen, die ihrerseits in einer bestimmten Beziehung zueinander stehen. Diese gewisse Beziehung ist sozusagen das Ordnungsraster, nach welchem die Töne zusammengehören. Jetzt haben wir schon einmal eine Vielzahl verschiedener Töne gefunden. Welche Töne unser Fund sind, ist bislang egal. Jeder Ton in unserem Bild darf nur einmal vertreten sein. Zuletzt ordnen wir die Töne nach der Tonhöhe. Wenn man nun die Töne vom tiefsten Ton zum höchsten Ton in ein Liniensystem einträgt, sind die Töne „stufenartig" aneinandergereiht. Eine solche Tonfolge nennt man nun nicht Tonstufen oder Tontreppe, sondern Tonleiter. Ein seltsamer Weg, aber so ist er nun einmal irgend jemandem eingefallen. Wie wir bei den Takten gelernt haben, ist die Systematik der Musik im wesentlichen von der Sprachmelodie beeinflußt. So wie es dort eine Vielzahl von verschiedenen Takten und Takteinteilungen gibt, gibt es auch eine ganze Reihe verschiedener Tonleitern. Allerdings haben sich in den letzten zwei Jahrhunderten zwei Tonleitern besonders verbreitet. Auf diese zwei Tonleitern wollen wir uns beschränken.

B. DUR UND MOLL

Zu lernen gibt es die Tonleiter in Dur und Moll. Beide Tonleitern sind zunächst dadurch gekennzeichnet, dass sie aus sieben Stufen bestehen. Schön. Jede Gemeinsamkeit bedeutet für uns, weniger lernen zu müssen. Nun zu den Unterschieden. Dies sind gar nicht zu viele, genau gesagt: nur einer. Wenn wir die Tonleiter vergleichen, unterscheidet sich nämlich nur die Stellung der Halbtonschritte.

TONLEITER IN DUR

Nun werden wir mal eine Tonleiter näher unter die Lupe nehmen. Und zwar werden wir uns zunächst die Durtonleiter anschauen. Als Grundton nehmen wir das C, daher wird diese Tonleiter auch C – Dur – Tonleiter genannt. Die Durtonleiter setzt sich aus Ganzton–, Ganzton– und Halbtonschritt und noch einmal Ganz–, Ganz– und Halbtonschritt zusammen.

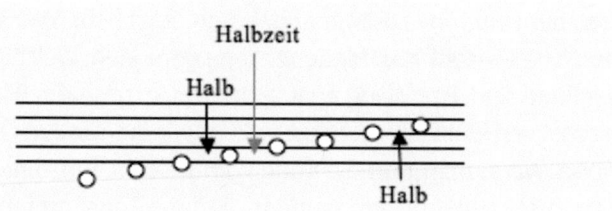

Wenn wir eine Tonleiter singen, merken wir, dass nach dem dritten und siebten Ton ein rätselhaftes Bedürfnis nach Weiterführung der Tonleiter besteht. Dieses Rätsel löst sich auf, wenn wir den verlangten vierten bzw. achten (die Oktave) Ton singen. Ohne diese Erscheinung weiter vertiefen zu wollen, sagt der Musiker, dass der dritte (bzw. siebte) Ton zum vierten (bzw. achten) überleitet. Deswegen nennt man diese Töne auch Leitton. Die Auflösung ist dann der Ausgangston bzw. der Grundton. Bei unserer C – Dur – Tonleiter wäre also C der Grundton und H der Leitton. So. Damit kennen wir im wesentlichen die Dur – Tonleiter. Nach diesen Regeln läßt sich zu jedem Grundton eine Dur – Tonleiter erstellen. Das heißt für uns, dass wir nicht sieben verschiedene Tonleitern lernen müssen, sondern uns einmal die zwei kleinen Besonderheiten einprägen und damit ausgelernt haben (zur Übung sollten wir aber die verschiedenen Tonleitern einmal notieren ... dazu später!)

TONLEITER IN MOLL

Die Tonleiter in Moll ist gar nicht so sehr verschieden von der Durtonleiter. (Am besten sieht man die Ähnlichkeit, wenn die Tonreihe mit a anfängt ... aber dazu bei den Paralletönen). Bei der Tonreihe a h c d e f g h haben gibt es die Halbtonschritte zwischen dem zweiten zum dritten - und fünften zum sechsten Ton.

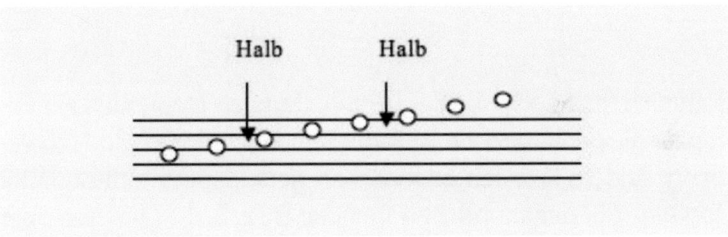

Wir sehen, dass nun der siebte Ton zum achten ein Ganztonschritt ist. Es fehlt also der Leitton. Diese Tonreihe - ohne Leitton - nennen wir reine Molltonleiter. Nach unserem Gehör fehlt uns aber der Leitton. Deshalb scheut der Musiker keine Mühe und schafft sich einfach einen Leitton. Wie? Na, indem er den siebten Ton zu einem (künstlichen) Leitton erhöht. Fertig ist die uns bekannte Molltonleiter, die sich harmonische Molltonleiter nennt. Leider zwingt dieser künstliche Leitton zu einer unschönen Notenveränderung der Tonreihe. So muss der sechste zum siebten Ton auf eineinhalb Tonschritte erweitert werden.

PENTATONISCHE TONLEITER

Die wohl älteste Skala setzt sich aus nur 5 Tonstufen zusammen (pente, griech. = fünf). Die Tonreihe ist das schlichte Ergebnis einer Aneinanderreihung von Quinten:

F – C – G – D – A

Hier kann sich der Pianist freuen, denn die pentatonische Tonleiter spielt sich besonders einfach, da man sich nur auf die schwarzen Tasten beschränken kann.

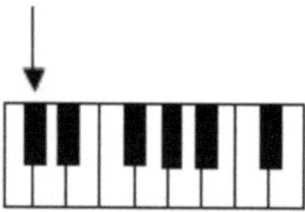

Natürlich fehlt auch hier der Leitton. Dadurch empfinden wir Europäer die pentatonische Tonleiter sehr eigentümlich und schwebend. Andere Kulturen bevorziehen gerade diese unbestimmte Tonfolge der pentatonischen Tonleiter (so z. B. die Chinesen oder alten Griechen).

CHROMATISCHE TONLEITER

In aller Kürze: Die chromatische Tonleiter besteht aus 12 Halbtonschritten. Dabei muss jeder Tonschritte gleich groß sein. Das war's eigentlich schon. Nur sollte man noch wissen, dass die zwölf Töne nicht gleichberechtigt sind. So läßt sich die Tonreihe in sieben Haupt – und fünf Nebenstufen unterteilen. Die Hauptstufen sind die uns bekannten Töne der Durtonleiter:

c d e f g a h c

Die Nebenstufen sind entsprechend zwischen den Ganztonstufen einzuordnen. Die Hauptstufen der chromatischen Tonleiter

C D E F G A H C

GANZTONLEITER

Zu guter Letzt noch die Ganztonleiter. Diese besteht aus sechs Ganztonschritten innerhalb einer Oktave (wer hätte das gedacht). Nun könnte man noch eine ganze Reihe komplizierter Theorien in dieses Kapitel stopfen. Doch hast du bereits die wesentlichen Kernfragen zur Tonleiter gelesen. Darum werde ich mir die weiteren Details an dieser Stelle sparen. Warum sollte ich mehr schreiben als nötig ist.

Außer: Durch den Verlust der Halbtonschritte (es fehlen jetzt ja der Leitton und die Quinte) haben wir eine Halboktave bekommen (eine verminderte Quarte). Gerade dieses Intervall ist das Aushängeschild der Ganztonleiter.

C. VIELZAHL VON TONLEITERN

EIN PAAR VERSCHIEDENE TONLEITERN
IONISCHE, DORISCHE, PHRYGISCH
LYDISCHE, MIXOLYDISCH, ÄOLISCHE.
NUN IST ´S ABER GUT!

D. PARALLELTON

Bislang haben wir eine ganze Reihe verschiedener Tonleitern kennengelernt. Fraglich ist, ob die einzelnen Leitern in einem besonderen Verhältnis zueinander stehen. In einem Handwerkermarkt sind oft die verschiedenen Leitern übereinander gelegt oder nebeneinander gestellt. So oder so läßt sich leicht erkennen, dass die Leitern meistens die gleichen Kanten haben (parallel zueinander stehen), auch wenn ihre Sprossen unterschiedlich sind.

Nimmt man die Durtonleiter mit Grundton C, und die Molltonleiter mit Grundton a, ist ebenfalls zu erkennen, dass die Tonleitern parallel zueinander verlaufen. Schön, denn jede Regelmäßigkeit erspart uns das Lernen.

DIE PARALLELTÖNE

Man liest übrigens: A-Moll, Cis-Moll etc.! Oft sieht man auch an Stelle eines „Am" einfach nur ein „a". Der Bequemlichkeit folgend, kann man nämlich auf das „m" für Moll verzichten, wenn für Moll alle Buchstaben klein geschrieben werden... das arme kleine Moll! Kein Wunder, dass es so traurig klingt.

DUR	MOLL
C	Am
G	Em
D	Hm
A	Fism
E	Cism
H	Gism
Fis	Dism
F	Dm
B	Gm
Es	Cm
As	Fm
...	...

E. QUINTENZIRKEL

Als ich das erste Mal das Wort Quintenzirkel gehört habe, dachte ich, dass ich nun viel Theorie zu lernen hätte. Irgendwie schossen mir Schreckensvisionen der Mathematik durch den Kopf. Gott sei Dank stellte sich heraus, dass der Quintenzirkel ganz einfach zu begreifen ist. Und wenn ich einfach sage, dann meine ich auch einfach. Auf den Punkt gebracht, kann man mit folgendem kleinen Spiel den Quintenzirkel ergründen. Wir fangen mit der C - Dur - Tonleiter an und nehmen C als Grundton. Jetzt zählen wir zum fünften Ton (eine Quinte!). Der fünfte Ton ist das G. Nun nehmen wir G als Grundton und zählen wieder eine Quinte weiter. Wir sind beim D gelandet. Und nun? Wir nehmen D als Grundton und zählen fünf Töne weiter, usw. Ist dieses Spiel zu Ende gespielt, wird der fleißige Spieler mit folgender Reihe belohnt:

C – G – D – A – E – H – FIS/GES – DES – AS – ES - B – F – C

Zuletzt verbinden wir einfach das erste C mit dem letzten. Damit erhalten wir einen Kreis. Deckel zu, und fertig ist unser Quintenzirkel. Und jetzt noch eine kleine, aber feine Zeichnung zum Quintenzirkel mit Einbindung der Paralleltöne!

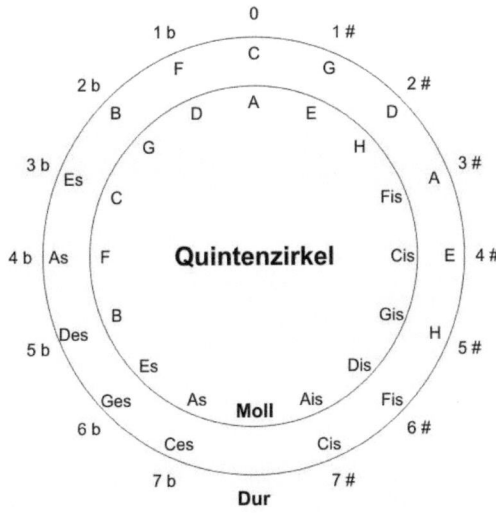

F. WIEDERHOLUNG

Was ist eine Tonleiter?

Wie unterscheidet sich die Dur- von der Molltonleiter?

Was ist ein Leitton?

Versuche, den Quintenzirkel zu erklären.

Was ist der Unterschied zwischen einer reinen und einer harmonischen Molltonleiter?

Was ist eine pentatonische Reihe?

Erkläre die Besonderheit der Ganztonleiter!

G. ÜBUNG

Übe die Tonleitern mit deinem Instrument.

Schreibe die Durtonleiter mit den Grundtönen: C E F A und B.

Notiere zu diesen Tonleitern die jeweiligen Paralleltöne.

Schreibe die chromatische Tonleiter mit dem Grundton C D und A.

WISSENSBAROMETER

Wir fangen mit den Grundlagen an.

Dann wenden wir uns den Noten zu.

Nun bekommen wir Rhythmus ins Blut.

Es wird interessant. Ich spreche von Intervallen.

Wohin mit den ganzen Tönen? – Die Tonleiter.

Vom Ton zum Akkord.

Mit Tönen und Akkorden zur Melodie.

Feinschliff: Wie trage ich mein Lied richtig vor?

7. VOM TON ZUM AKKORD

A. DREIKLANG: EIN INTERVALL + 1

Als wir oben über die Intervalle gesprochen haben, legten wir stets zwei Töne zugrunde. Nun ist es ja denkbar, dass drei oder mehr Töne zusammenklingen. Dieser Vielklang nennt sich in der Musik Akkord (accordare, lat. = zusammenklingen). Natürlich sind die zusammen klingenden Töne nicht wahllos, sondern unterliegen bestimmten Gesetzmäßigkeiten. Ursprünglich bestand der Akkord aus einer Schichtung von Intervallen, die jeweils eine Terz auseinanderliegen. Mit diesem Aufbau wäre der Grundakkord erklärt. Nun reicht uns diese Schichtung von Intervallen natürlich nicht aus. Wir sind immerhin kreative Musiker und lassen uns nur ungern solchen strengen und einfallslosen Regeln unterwerfen! So können verschiedenste Töne zusammen zum Klingen gebracht werden. Jawohl. Wichtig bleibt allerdings, trotz aller schöpferischen Gabe, ein gewisses Gespür für die Ordnung im Chaos. Und für diese Ordnung gibt es wieder einen Namen, nämlich den allseits bekannten Begriff Harmonie.

DIE LEHRE DER HARMONIE

BESCHÄFTIGT SICH MIT DEM

LOGICHEN AUFBAU DER AKKORDE.

Wie ich gerade geschrieben habe, besteht ein Akkord grundsätzlich aus übereinander gelegten Terzen. Der erste Ton (unterer Ton) nennt sich Grundton, der zweite Ton (mittlerer Ton) ist die Terz ... und der dritte Ton (oberer Ton) ist die Quinte. Fertig ist der Dreiklang.

Da wir nun mit der Dur – und Moll – Tonreihe arbeiten, gibt es selbstverständlich einen Dreiklang in Dur und in Moll. Da die zwei Tonreihen sehr ähnlich sind, ist auch der Dreiklang vergleichbar. So ist den beiden Akkorden der Grundton und die Quinte gleich. Der feine Unterschied liegt diesmal in der Mitte, nämlich bei der Terz. Bei dem Dreiklang in Dur finden wir eine große Terz, bei dem Dreiklang in Moll hingegen eine kleine Terz. Deshalb nennt man den Durdreiklang auch großen Dreiklang und den Molldreiklang kleinen Dreiklang.

Nun fragt sich nur noch, wie die jeweiligen Akkorde zu benennen sind. Hier wollen wir gar nicht viel lernen, sondern uns an Bekanntem orientieren. Als Orientierung dient uns der untere Ton, der Baßton. Dieser gibt also den jeweiligen Akkord an (C, D usw.). Wir wissen bereits, dass die Terz der Kippschalter zwischen Moll und Dur ist. Also müssen wir noch einen Blick auf die Terz werfen, um unser endgültiges Urteil über die Natur des Akkordes zu fällen. Dem entsprechend finden wir jeweils einen Akkord in C–Dur oder C-Moll. Sollte sich einmal doch die Quinte verändern, ist der Dreiklang übermäßigt (oder vermindert).

B. UMKEHRUNG

Bislang haben wir uns mit dem Akkord in seiner üblichen Form beschäftigt. Denkbar ist aber, dass wir in dem Baßton nicht den Grundton, sondern die Terz oder die Quinte finden. In einem solchen Fall wurde schlicht der originale Baßton eine Oktave höher versetzt. Graphisch sieht das ganze so aus, als würde sich der Akkord umkehren. Deshalb spricht man auch von einer Umkehrung.

C. HAUPTDREIKLÄNGE: DIE KADENZ

WAS IST EINE KADENZ

In dem stetigen Verlangen nach Theorie, wollen auch wir uns kurz der Wissenschaft beugen und die Dreiklänge noch einmal differenzieren. So gibt es drei Hauptdreiklänge.

Wenn wir die normale Tonleiter in Dur oder in Moll nehmen, finden sich unsere Hauptdreiklänge mit dem Baßton auf der 1., 4. und 5. Stufe. Da sich Hauptdreiklang auf 1., 4. Und 5. Stufe nicht sehr wissenschaftlich anhört, sind wir so frei und benennen sie etwas bedeutungsvoller. Nun kommt es ... halte dich fest:

DIE HAUPTDREIKLÄNGE

2. STUFE = TONIKA

4. STUFE = SUBDOMINANTE

5. STUFE = DOMINANTE

Na, das hört sich doch schon viel besser an. So gebildet!

Aber Spaß beiseite.

Diese drei Hauptdreiklänge sind die Grundlage der Kadenz (Grundkadenz). Wenn du diese Akkorde einmal in der Reihenfolge nachspielst, merkst du, dass die Akkorde ein Spannungsverhältnis aufbauen und harmonisch auflösen. Dieser Grundidee unterliegen rund 99 % aller mir bekannten Titel. Besonders im Blues hält man sich penibel an dieses Aufbauschemata (Schemata ist wirklich die Vielzahl von Schema, auch wenn sich die Sprachkultur nach und nach der realen Benutzung des Wortes Schemen beugt.)

Ich würde sogar noch weiter gehen und behaupten, dass die Grundkadenz die Grundlage unseres heutigen Musizierens ist. Als Kadenz in Moll wird fortan die harmonische Molltonleiter zugrunde gelegt, weil sie einen Durklang mit Leitton (harmonisches

Moll!) als Dominante hat. Zwar gibt es auch die Grundkadenz in Moll mit einem durchgehenden Akkord in Moll (reines Moll) oder mit der Subdominanten und Dominanten in Dur (melodisches Moll), doch sind diese bei uns eher ungebräuchlich.

HAUPTDREIKLÄNGE

Jetzt können wir uns einmal den nähern Zusammenhang der Hauptdreiklänge genau anschauen.

ZUNÄCHST FÄLLT DIE TONIKA AUF. SIE IST

MITTELPUNKT UNSERER KADENZ

(TONOS, GRIECH. = SPANNUNG).

DIE SUBDOMINANTE

(SUB-, LAT. = UNTER) IST DANN DIE ÜBERLEITUNG

ZUR DOMINANTE

(DOMINANS, LAT. = HERRSCHENDER).

Ein wesentliches Merkmal dieser Kadenz ist, dass sowohl die Dominante als auch die Subdominante mit der Tonika jeweils in einem Ton übereinstimmen. So ist der Grundton der Tonika die Quinte der Subdominante und die Quinte der Tonika der Grundton der Dominante.

Wenn wir nun schon so genau den Dreiklang untersuchen, so kann man begeistert feststellen, dass alle Töne der Tonleitern im Hauptdreiklang enthalten sind. Für die Praxis bedeutet das, dass wir alleine mit diesen drei Akkorden einfache Melodien harmonisch begleiten können. Leider ist es so, dass die meisten Lieder nicht auf unsere Grundkadenz beschränkt sind. Dennoch findet man sich gerade in Volksliedern und natürlich im Blues ganz gut mit unserem System zurecht.

D. PARALLEL- UND VARIANTKLÄNGE

Nachdem wir nun die einfache Grundkadenz gelernt haben, könnten wir versuchen, diese ein wenig zu erweitern. Ohne an dieser Stelle in die tiefen Geheimnisse der Musik eindringen zu wollen, möchte ich dennoch ein paar Begriffe nicht unerwähnt lassen. Dann fällt dir auch das gezielte Suchen und thematische Einordnen der verschiedenen Begriffspaare in der Praxis leichter. Und zwar gibt es die Parallel- und Variantklänge.

PARALLELKLÄNGE

Die Molldreiklänge der Durtonleiter (also die 2., 3. und 6. Stufe) sind die parallelen Töne zu den Hauptdreiklängen (1., 4. und 5. Stufe). Soviel zu diesem Geheimnis. Legen wir eine Molltonleiter zu Grunde, sind die Parallelklänge auf der 3., 6. und 7. Stufe zu finden. Wenn man der Natur des Menschen folgt, so stellt man sich vor, dass die Hauptklänge männlich und die Parallelklänge weiblich sind. Damit meine ich, dass das harte (fröhliche) Dur als Hauptdreiklang, einen Parallelklang im weichen (traurigen) Moll zur Folge hat. Die Parallelklänge sind demnach geschlechtsabhängig.

VARIANTKLÄNGE

Was ein Variantklang ist, kann sich bestimmt jeder denken. Wirklich? Dann versuche zunächst mit eigenen Worten zu erklären, was ein Variantklang ist. O.k. Nun meine bescheidene Erklärung. Im Drang, die Grundkadenz zu verändern, haben wir mit den parallelen Tönen gearbeitet. Damit hatten wir reine Dur- und Mollkadenzen. Nun werden wir das Ganze ein bißchen verderben. Und zwar mit dem Variantklang. Dieser ist eine Variante zur reinen Kadenz. So ertönt plötzlich ein Mollklang in einer Durkadenz – und umgekehrt. Außerdem kann man innerhalb eines Liedes, z. B. eine Strophe oder den Refrain in Moll und den Rest in Dur spielen. Dieses Stilmittel ist in zeitgenössischer und experimenteller Musik zu finden. Andere Stilmittel wirst du im Kapitel „Der Feinschliff: Wie trage ich mein Lied musikalisch richtig vor?" kennenlernen.

E. UND NOCH EIN TON MEHR

SEPTAKKORD

Der Septimenakkord (kurz auch Septakkord genannt) klingt zwar als Begriff sehr aufregend, ist aber nichts weiter als die Erweiterung des Dreiklanges um eine Terz. Zählen wir in gewohnter Form vom Grundton aus durch, so landen wir nach der Quinte bei der Septime. Daher der einfallsreiche Name Septimenakkord. Natürlich können auch die Septimenakkorde genauso wie der Dreiklang umgekehrt werden (mit einigen kleinen Schwierigkeiten). Was ist nun das Besondere am Septakkord? Spiele ihn doch einmal und überlege, was Dir dabei auffällt. Nun die Antwort: Wir haben oben bei dem normalen Dreiklang bemerkt, dass wir nach unserem Gefühl eine Auflösung von der Dominanten zur Tonika fordern. Eben dieses Bedürfnis nach Auflösung wird durch die kleine Septime – zwischen Dominante und Tonika - noch einmal verstärkt.

NONEN- UND SEXTENAKKORD

Nun könnten wir auch noch eine zusätzliche Terz oben drauf setzen und würden den Dominantseptnonenakkord erhalten (vom „faulen" Musiker schlicht Nonenakkord genannt). Auch ist es denkbar, dem Dreiklang eine große Sexte aufzusetzen. Dann hätten wir einen Sextenakkord. Und so weiter und so weiter. Hier sind deiner Phantasie keine Grenzen gesetzt. Aber diesem Buch. Deshalb möchte ich nun zum nächsten Thema übergehen. Die Modulation.

GEWAGTES ABWEICHEN VON DER REGEL

Zwar haben wir nun eine ganze Menge Akkorde kennengelernt, doch führen alle auf den gleichen Grundton zurück. Dies wäre in vielen Titeln oft eher langweilig. Um einen weiteren Spannungsbogen innerhalb des Liedes zu ziehen, kann man kurzzeitig von der Grundtonart abweichen, indem man z. B. die Dominante einfach als neue Tonika benutzt. Diese Technik des Ab- oder Ausweichens nennt der Theoretiker in seinem Hang zu schwierigen Wörtern: Modulation.

F. IM GEISTE DER ZEIT

Die obigen Erläuterungen beziehen sich vor allem auf die vergangenen zwei Jahrhunderte. Heute ist ein deutliches Bedürfnis nach Veränderung und Freiraum zu erkennen. Das alte Schema der Akkordfolgen taucht zwar nach wie vor auf und liegt auch den meisten Kompositionen zugrunde, allerdings scheinen zufällige Akkorde in einem Titel gleichsam überraschend wie interessant. Nach und nach werden melodische Strukturen anderer Kulturen in die europäische Musik eingebaut, die durchaus spannende – und ungewöhnliche – Ergebnisse bringen.

Vor einigen Jahrzehnten tauchte erstmals bei den Kompositionen ein tonlich ungebundenes Gesamtbild auf (Atonalität), welches entweder gezielt zusammengestellt wurde, oder rein zufällig entstand (Aleatorik). Zwar hat sich diese Art des Komponierens nicht durchgesetzt, doch finden sich immer öfter einzelne Elemente dieser Epoche in modernen Liedern wieder. Dies nur am Rande: Das konfuse Musikmodell ist für den Musiker eine äußerst interessante Geschichte. So hat er sich einerseits mit den Regeln des Improvisierens (also mit den verschiedenen Skalen der Improvisation) auseinanderzusetzen, andererseits muss er versuchen, sich in den Titel einzufinden, um spontan den ungewöhnlichen Tonreihen folgen zu können.

G. WIEDERHOLUNG

Was verstehst du unter einem Akkord und einer Harmonie?

Wie setzt sich ein Dreiklang zusammen?

Erkläre dem Unterschied zwischen einem Dur- und Molldreiklang.

Was ist eine Kadenz?

Was verstehst du unter einem Variantklang?

H. ÜBUNG

Spiele die neu gelernten Akkorde auf einem Instrument.

Bilde zu verschiedenen Akkorden die Umkehrungen.

Versuche, zu jeder Tonart die Hauptdreiklänge zu bilden.

Füge diesen Dreiklängen den jeweiligen Septimenakkord hinzu.

Nimm dir einen Lieblingstitel und versuche, sie zu begleiten.

WISSENSBAROMETER

Wir fangen mit den Grundlagen an.

Dann wenden wir uns den Noten zu.

Nun bekommen wir Rhythmus ins Blut.

Es wird interessant. Ich spreche von Intervallen.

Wohin mit den ganzen Tönen? – Die Tonleiter.

Vom Ton zum Akkord.

Mit Tönen und Akkorden zur Melodie.

Feinschliff: Wie trage ich mein Lied richtig vor?

8. MIT TÖNEN UND AKKORDEN ZUR MELODIE

A. WAS IST EINE MELODIE?

Eines der wohl charakteristischsten Elemente der Musik ist die Melodie. Aus dem griechischen übersetzt heißt Melodie Lied (mèlos) – Gesang (odè). Eine Melodie setzt sich aus verschiedenen, in bestimmter Form aneinandergereihten Tönen zusammen. Neben den einzelnen Tönen ist insbesondere die zeitliche Abfolge, mithin der Rhythmus, die wesentliche Grundlage der Melodie. Zunächst könnte man nun an die Intervalle denken. Richtig.

Allerdings ist die Melodie mehr als nur ein Intervall. Sie ist sozusagen die Weiterführung eines Intervalls um Metrik, Harmonie und Dynamik. Das Interessante ist dabei, dass sich eine Melodie beliebig nach oben oder unterm verschieben (man nennt eine Verschiebung auch Transponierung) läßt.

EINE ABSOLUTE REGEL FÜR DAS KOMPONIE-REN EINER MELODIE GIBT ES NICHT.

Allein das Verständnis von der „Melodie" hat sich in den vergangenen Jahren oftmals verändert und ist nicht zuletzt weitgehend vom kulturellen und historischen Umfeld abhängig. So kann man in der Geschichte der Musik Melodien finden, die von bunt durcheinander gewürfelten Tönen, bis hin zu systematisch durchdachten Tonreihen reichen.

B. GRUNDGEDANKE EINER MELODIE

Es gibt aber trotz aller Unterschiede eine wesentliche Gemeinsamkeit (ohne diese Gemeinsamkeit kann man nur noch von einem Tonchaos oder sphärischer Musik sprechen ... aber nicht mehr von melodiöser Musik!). Und zwar ist nach jeder Betrachtungsweise der Grundgedanke vorhanden, dass innerhalb einer Melodie eine Spannung erzeugt werden muss, die sich über eine gewisse Zeit entwickelt (Spannungsbogen) und sich letztlich auslöst.

GRUNDGEDANKE DER MELODIE
Erzeugte Spannung -> Spannungsbogen -> Auflösung

In unserer Kultur bestand das Bedürfnis, eine gewisse Ordnung in jede Melodie zu bringen. Noch meine Oma sagte: „Ordnung ist das halbe Leben!" Wenn dem wirklich so ist, habe ich wahrscheinlich bislang meine ungeordnete Lebenshälfte verlebt. So forderten einige Vertreter der Wissenschaft den Standpunkt, dass Tonhöhe, Metrik, Rhythmus usw. exakt festgelegt werden müßten. Aber wie wir auch bei den Akkorden gesehen haben, entspricht dieses alte Modell nicht mehr der heutigen Zeit. Insbesondere in moderner Musik ist der Reiz nach Improvisation und ein munteres Verbinden der unterschiedlichsten Tonleitern zu erkennen. Gerne verknüpft man z. B. afrikanische oder indische Tonfolgen mit europäischen Rhythmen. Ich finde, dass es hauptsächlich auf das musikalische Ergebnis ankommt.

Eine Regel für die Melodie? Na, ich weiß nicht. Wenn schon eine Regel her muss, dann die obige. Allerdings werden wir beim nächsten Abschnitt lernen, wann etwas (zumeist instinktiv) klingt. Beliebt ist zuweilen eine „Verzögerung" der Auflösung:

GRUNDGEDANKE DER MELODIE 2
Spannung -> Spannungsbogen -> Verzögerung -> Auflösung

C. MELODIE IM LICHTE VON HARMONIE UND RHYTHMUS

Wer sucht nicht nach Harmonie? Also ich suche jedenfalls fast immer die Harmonie in meinem Leben. (Oh, wenn doch alles so harmonisch wäre...) Genauso verhält es sich auch mit der Melodie. Und wenn die Melodie auf die bestehenden Harmonien (Akkorde) paßt, dann klingt unsere Melodie auch im Ergebnis (soviel zur Frage: Wann klingt eine Melodie?). So ist es nicht verwunderlich, dass in einer Melodie jeder Ton in unmittelbarer Beziehung zur jeweiligen Harmonie steht. Akkord und Melodie sind also eng miteinander verwandt. Die innere Beziehung der einzelnen Töne einer Melodie zum Akkord nennt man fachlich richtig: harmonieeigen und harmoniefremd.

DIE MELODIE LÄSST SICH ...

IN HARMONIEEIGENE UND HARMONIEFREMDE TÖNE EINTEILEN.

Letztlich wird man festhalten müssen, dass sich die Melodie nicht nur nach den Akkorden richtet, sondern auch nach dem Rhythmus. So ist die Betonung und Unbetonung der verschiedenen Töne ein wichtiges Werkzeug des Komponisten. Man bezeichnet übrigens die Töne auf unbetonten Zählzeiten als Durchgangstöne. Auf der betonten Zählzeit erscheint nach dem Durchgangston die Auflösung.

Also gibt es doch einige Regeln? Nein. Das oben Geschriebene ist zwar ein wichtiger Denkanstoß, doch läßt sich daraus keine Regel ableiten. Nach wie vor ist der Komponist im Suchen einer Melodie FREI. Und das ist auch gut so. Allerdings wirst du rasch merken, dass du dich selbst in deiner Freiheit beschränken wirst, da die obigen „Möchtegern - Regeln" ein äußerst sinnvolles Werkzeug sind. Nicht zuletzt entsprechen diese tonlichen und rhythmischen Zusammenhänge den Hörgewohnheiten der meisten Menschen. Eine Melodie nach den hier besprochenen „Möchtegern – Regeln" klingt damit immer richtig!

D. SEID IHR NOCH MOTIVIERT? DAS MOTIV

Nun verhält es sich so, dass wir eine Melodie nur als schlichte Aneinanderreihung verschiedener Töne erkennen würden, wenn der Melodie kein sinnvoller Bauplan zugrunde läge. Diesem Problem haben wir uns ja schon teilweise oben gewidmet. Dort besprachen wir die einzelnen Zusammenhänge eines Tones mit den Akkorden und dem Rhythmus. Nun wollen wir unser Bild ein wenig ausmalen.

Im wesentlichen setzt sich ein Motiv aus einem Tongebilde zusammen, welches einem anderen Tongebilde entgegengestellt wird. Dieses Gegeneinanderwirken der verschiedenen Tongebilde wird sodann in gleicher oder ähnliche Form wiederholt. Durch die Wiederholung der Tongebilde schafft man eine charakteristische Einheit mehrerer Töne!

Neben den einzelnen Tönen fällt selbstverständlich auch der Rhythmus ins Gewicht. Auch der Rhythmus kann ein charakteristisches Gebilde sein, dessen Wiederholung sich beim Zuhörer einprägt (nicht ganz in diesem Sinne, aber wer erkennt nicht den Titel „Sympathy for the devil" von den Rolling Stones, wenn der prägnante Rhythmus anfängt).

DAS MOTIV

WIR MÜSSEN UNS EIN MOTIV AUSDENKEN, WELCHES SICH DER ZUHÖRER MERKEN KANN. DIESE CHARAKTERISTISCHEN EINHEITEN MEHRERER TÖNE IM ZUSAMMENSPIEL MIT DEN RHYTHMISCHEN BAUSTEINEN NENNT MAN MOTIV.

E. MOTIVVERKNÜPFUNG

Ein Motiv alleine reicht in der Musik schon fast aus. So kann schon die Aneinanderreihung verschiedener Motive ein abgeschlossenes Gebilde sein. Allerdings ergibt ein Lied, welches nur aus Motiven besteht, kein schönes abgeschlossenes Bild, sondern eher ein Gebilde in Form eines Rufes oder Kinderreimes. Kehrt man hingegen das Motiv einmal um oder fügt ein kleines Gebilde hinzu, so kommen wir einem Lied beträchtlich näher. Ein häufiger Aufbau ist die Aneinanderreihung zweier Motive, wobei sich das erste Motiv als Rahmen darstellt. So z. B. "Alle Vögel sind schon da ..." (a Motiv – b Motiv – a Motiv) Je mehr Motive wir aneinanderreihen, desto umfangreicher und auch interessanter wird die Melodie. Zur Abwechslung kann man auch einzelne kleine Bausteine eines Gebildes wiederholen oder einsparen und so ein Motiv dehnen oder straffen. Hier sind Kreativität und Experimentierfreude gefragt.

F. DIE GRUNDIDEE: DAS THEMA

Das Thema ist sozusagen die Weiterführung des Motivs. Wenn das Motiv eine Wand des Hauses ist, dann ist das Thema das Haus an sich. Ein Thema ist die Grundidee einer Komposition. Sie liegt dem ganzen Lied zugrunde.

Dabei kann sie auch dem Motiv entsprechen, so dass das Motiv auch das Thema ist. In der Regel wird jedoch eine Grundidee durch mehrere Motive ausgefüllt, die jeweils zum Grundthema hinführen oder sich um dieses herum ansammeln. Schließlich ist es ebenfalls möglich, dass ein Thema „offen" bleibt oder keine ersichtliche Auflösung hat.

Dies nur nebenbei: Neben der klassischen Begriffserklärung wird oftmals im Blues oder Jazz ein ganzer Variationsdurchlauf beim Improvisieren (die Solo-Takte, Strophe etc.) als Thema bezeichnet.

G. WIEDERHOLUNG

Was ist eine Melodie?

Was sind harmonieeigene und harmoniefremde Töne?

Was sind Durchgangstöne?

Woraus besteht ein Motiv?

Was verstehst du unter einem Thema?

H. ZUR ÜBUNG

Versuche, die Melodie von verschiedenen Liedern zu beschreiben.

Nehme dir ein paar Akkorde und erfinde verschiedene Motive.

Überlege, wie du dein Motiv erweitern oder umstellen kannst.

Versuche, aus deinen Motiven ein Thema zu entwickeln.

WISSENSBAROMETER

Wir fangen mit den Grundlagen an.

Dann wenden wir uns den Noten zu.

Nun bekommen wir Rhythmus ins Blut.

Es wird interessant. Ich spreche von Intervallen.

Wohin mit den ganzen Tönen? – Die Tonleiter.

Vom Ton zum Akkord.

Mit Tönen und Akkorden zur Melodie.

Feinschliff: Wie trage ich mein Lied richtig vor?

9. FEINSCHLIFF: WIE TRAGE ICH MEIN LIED RICHTIG VOR?

A. DIE EIGENE ERFAHRUNG

Dynamik, Dynamik und noch einmal Dynamik. So, damit bin ich dieses persönliche Anliegen auch los geworden. Als Dynamik werden die verschiedenen Tonstärkegrade bezeichnet (s.o.). Ich selber habe eine ganze Weile die enorme Bedeutung der Dynamik unterschätzt. Ich dachte, dass eine gute Melodie, zusammen mit einer guten Rhythmusgruppe (Schlagzeug, Baß) bereits die halbe Miete wäre. Nein. Nein. Beziehungsweise: Was heißt gut. Also eine wirklich gute Gruppe vermag es sicherlich dynamisch zu spielen. Dies erfuhr ich, als wir uns in unserer Band bewußt mit dem Thema Dynamik auseinandergesetzt haben. Es ist unglaublich, wie viel Lebendigkeit einem Titel zugeführt wird, wenn die Strophe sehr leise gespielt wird und der Refrain in voller Gewalt erklingt.

B. DYNAMIK: DAS A UND O

Und noch einmal: Laut und leise. Sanft und hart. Erst diese Begriffspaare runden das Gesamtwerk ab. Eigentlich haben wir jetzt eine relativ neue Erkenntnis gehört. Dieses System ist nämlich erst seit kurzem in der Musik aufgetaucht. Damals – vor rund zweihundert Jahren – wäre diese Ansicht absurd gewesen. Damals war ein einheitlicher Pegel angestrebt ... und zwar in mittlerer Lautstärke. Erst Mitte des 18. Jahrhunderts traute man sich die Lautstärke als eigenes Stilmittel in die Komposition einzubinden. So ließ man den Klang der Instrumente langsam An- oder Abschwellen (Übergangsdynamik).

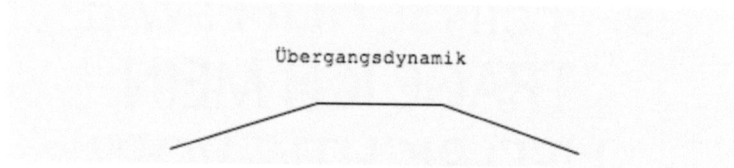

Übergangsdynamik

Aber heute ist in der Rock und Popmusik die Dynamik in Form der Terassendynamik Dreh- und Angelpunkt. Es folgen leise und laute Stellen ohne Vorwarnung aufeinander. Damit hebt sich die laute Passage sogar ohne Akkord oder Melodiewechsel von der Strophe ab. So ist es zu erklären, dass einige Welterfolge mit zwei oder drei Akkorden nicht langweilig klingen (z. B. „knocking on heavens door" von Bob Dylan oder „Helpless" von N. Young)

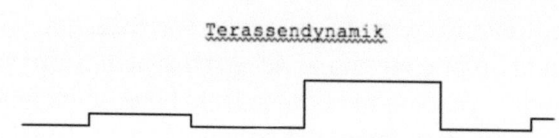

Terassendynamik

C. MAL LAUT – MAL LEISE

Wie beim Tempo, ist auch die Tonstärke zu bezeichnen, sonst wüßten wir ja nicht, wie laut oder wie leise eine Passage gespielt werden soll. Wie du meinen bisherigen Ausführungen entnehmen kannst, habe ich mich bislang nur auf die Begriffe laut und leise beschränkt. Damit kann man sich zwar schön die Terassendynamik vorstellen, doch kommen wir beim Beschreiben der Übergangsdynamik ins Schleudern. Also folgende Begriffe für unseren fast gefüllten Vokabelwortschatz:

VERSCHIEDENEN TONSTÄRKEGRADE

fff, fortissimo possibile – möglichst stark

ff, fortissimo – sehr stark

f, forte – stark

mf, mezzoforte – halbstark

mp, mezzopiano – halbleise

p, piano – leise

pp, pianissimo – sehr leise

ppp, pianissimo possibile – na?

Nun ist uns für die Übergangsdynamik noch immer nicht viel geholfen, denn bei jedem Übergang von laut zu leise und zurück, wäre es außerordentlich mühselig, die einzelnen Abstufungen aufzuschreiben, um einen runden und ausgewogenen Übergang zu schaffen. Daher müssen wir noch zwei Begriffe lernen. Und zwar ...

TONSTÄRKEÜBERGÄNGE

Crec., crescendo

– lauter werdend (modern für den Titelanfang: fade in)

Decres., decrescendo

- leiser werdend (modern für das Titelende: fade out)

Eine weitere dynamische Erscheinung ist der Akzent. Der Akzent betont nur eine kurze Stelle (zumeist nur einen Ton) mit einem harten Anschlag (ff), Dann wird sofort leise weitergespielt.

D. ALLES NUR EINE PHRASE?

Wir haben oben das Motiv und das Thema kennengelernt. Um die Verwirrung zu vervollständigen, kommt nun noch die Phrase hinzu. Nein. Nein. Alles hat seine Ordnung (... ist Ordnung doch mein halbes Leben?!?). Jedenfalls ist die Phrase recht leicht zu verstehen. Die Phrase ist eine bestimmte Folge aufeinanderfolgender Töne. Sie muss überschaubar und abgegrenzt sein. Das besondere einer Phrase ist – wenn es keine Besonderheit gäbe, bräuchten wir ja nichts Neues lernen – dass die Töne innerhalb einer Phrase miteinander verbunden werden (legato, ital. = verbunden). Graphisch wird ein Bogen über die gesamte Phrase gezeichnet.

DIE PHRASE
- miteinander verbundene Töne -

Musikalisch äußert sich dieser Bund z. B. dadurch, dass die einzelnen Töne so lange gehalten werden, bis der folgende Ton anfängt. Durch dieses Halten der Tondauer (tenuto) erscheint gegenüber den deutlich voneinander getrennten Tönen (staccato) ein einheitlicheres Gebilde.

E. PRAKTISCHER TIPP

Welche Töne verbunden und welche akzentuiert werden, liegt im Ermessen des Komponisten. Allerdings ist es durchaus sinnvoll, wenn sich der Komponist trotz seiner Freiheiten am Rhythmus des gesamten Liedes orientiert, d.h. nicht unsinnig betonte und unbetonte Töne bzw. verbundene und getrennte Phrasen bildet. Was ist unsinnig? Nun, da scheiden sich die Geister. Ich denke, dass es weniger sinnvoll ist, wenn ein schneller rhythmisch kurz betonter Refrain mit einer verbundenen Phrase besungen würde. Hier würde nämlich die Verknüpfung der Töne in der Melodie, der Geschwindigkeit und dem Druck der Rhythmusgruppe zuwiderlaufen. Eine Melodie, welche staccato – im gleichen oder gar doppelten Tempo zum Schlagzeug – gesungen wird, würde den Gesamteindruck viel mehr unterstützen (so ist der als stark getrennt (staccatissimo) gesungene Rap extrem dem Rhythmus angepaßt, was dem gesamten Titel eine besondere Dynamik verleiht). Andererseits würde ein abgehackter Gesang eine einfühlsame Ballade ausheben. Wer kann sich den Titel „Angie" von den Rolling Stones oder „Wish you were here" von Pink Floyd als Rap vorstellen, ohne dass seine Aussagekraft verändert wäre?

Wichtig! Es ist auch hier keine Regel zu lernen. So kann gerade eine gegenläufige Beziehung von Melodie und Rhythmus den Reiz eines Titels ausmachen.

F. TONMODULATIONEN

EIN LEICHTES SCHWINGEN – VIBRATO

Ein wichtiges Stilmittel des Musikers ist das Vibrato (vibrare, ital. = schwingen). Normalerweise erklingt ein Ton relativ „gerade". Damit meine ich nicht, dass er nicht schwingen würde. Sonst hätte ich oben eine Reihe von Falschaussagen auf dich losgelassen. Nein. Der Ton besteht selbstverständlich aus Schwingungen. Aber seine Schwingungen sind typisch und mehr oder weniger regelmäßig, so dass er in seiner Tonhöhe stabil ist. Durch das zusätzliche In - Schwingung - Bringen des Tones, variiert man die Tonhöhe. Nun gibt es die Möglichkeit, die Tonhöhe und das Tempo der Ausführung zu verändern.

Dazu folgende kleine Grafik:

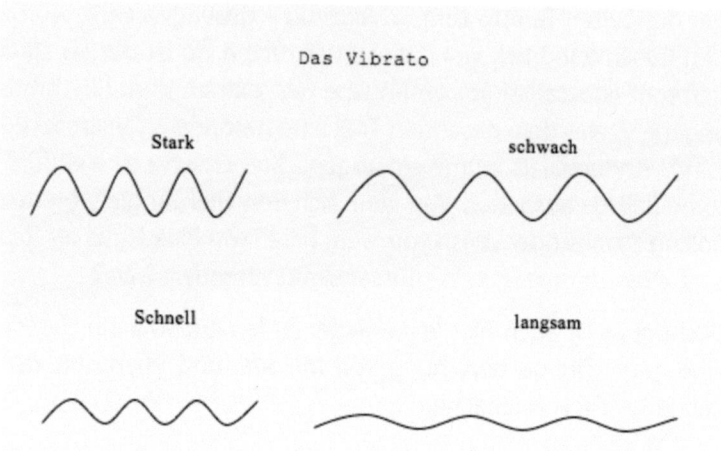

SCHWUNGHAFTES VERBINDEN - GLISSANDO

Jetzt kann man es mit dem Vibrato übertreiben. Man vibriert so kräftig, dass man nicht nur leicht die Tonhöhe verändert, sondern einen ganz anderen Ton erreicht. Soll durch ein solches Ziehen des Tones bewußt ein anderer Ton erreicht werden, d.h. der Ausgangston wird mit einem anderen Ton fließend verbunden, nennt man diese Verbindung Glissando.

MUNTERES AUF UND AB - TREMOLO

Als (für uns) letzte Spielart der Modulation eines Tones gibt es das berühmte Tremolo (tremolare, lat. zittern) . Das Prinzip ist denkbar einfach. Schlicht und ergreifend ist das Tremolo ein schnelles Vibrato zwischen zwei Tönen oder Akkorden, wobei im Gegensatz zum Glissando der Zielton nicht erreicht, sondern nur kurz berührt wird. Nach dem Berühren des Zieltones, wechselt man wieder zurück zum Ausgangston.

Uuuuund Fertig!

Die Schwierigkeit besteht eigentlich nur darin, dass das Tremolieren in der Regel nicht im Rhythmus der Komposition erfolgt. Hier ist das Geschick des Musikers gefragt, mit seinem Tremolo nicht unangenehm aus dem Ensemble zu fallen.

Wird das Tremolo schon in der Komposition fest eingebunden, so dass der Rhythmus des „Zitterns" dem Tempo des Liedes angepaßt ist, spricht man vom „non tremolo". Ja. Damit hast du das wesentliche zum musikalischen Vortrag gelesen. Und nicht nur das. Das Buch befindet sich in den letzten Zügen.

Nun lehne dich zurück, hole noch einmal tief Luft und arbeite das letzte Mal die Wiederholungsfragen und Übungen durch. Dann hast Du's geschafft. Was? Du meinst, du hättest noch nicht genug gelernt. Na, du bist ja fleißig. Ausgelernt hast du bestimmt noch nicht ... wer hat das schon? Aber du kennst nun die wichtigsten Fragen zur Musiktheorie. Mit diesem fundierten Überblick kannst du gezielt das eine oder andere Problem mit einem dicken Lehrbuch vertiefen. Aber! Zuerst noch die letzte kleine Hürde.

G. WIEDERHOLUNG

Was verstehst du unter Dynamik?

Welche Formen der Dynamik kennst Du?

Was bedeutet fff und p?

Erkläre die Begriffe Vibrato, Glissando und Tremolo.

Zähle die verschiedenen Tonstärkegrade auf.

H. ÜBUNG

Versuche, möglichst viele Stilmittel aus deinem Lieblingslied herauszufinden.

Nehme dir eine Melodie und versuche, ihren Vortrag musikalisch interessanter zu gestalten.

Nun versuche - ohne in das Inhaltsverzeichnis zu schauen - die Acht Kapitelüberschriften aufzuschreiben. Was fällt dir zu jeder Überschrift ein?

Nimm dir das Inhaltsverzeichnis und versuche kurz, einen Zusammenhang zu den einzelnen Überschriften zu bilden.

10. FINE – AUS, SCHLUSS UND ENDE ...

Okay. Das soll es gewesen sein. Ich hoffe, dir hat das Lesen dieses Buches genauso viel Spaß gemacht, wie mir das Schreiben. Gleich kommen noch die versprochenen Verzeichnisse der einzelnen Fachbegriffe und Merkkästchen. Schließlich habe ich noch eine kleine Überraschung für dich auf der letzten Seite versteckt. Wenn dir sonst noch Verbesserungsvorschläge einfallen, dann scheue keine Mühen und schreibe mir unter:

INFO@LINCK-LIVE.DE

Ich bin für jeden Vorschlag offen. Und wenn ihr dieses Buch fleißig kauft, schreibe ich auch noch ein Buch zum täglichen Umgang mit der Gitarre und dem Keyboard.

ALSO BIS BALD!

MARCO